자존감 높고, 매사에 적극적인 아이로 키우는 독서 육아 비법

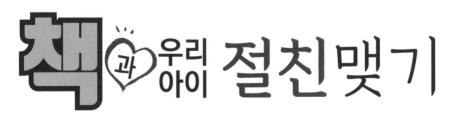

대경북스

독/서/지/도/사 오 애 란 지음

책과 우리 아이 절친맺기

초판인쇄   2020년 3월 2일
초판발행   2020년 3월 5일
발 행 인   민유정
발 행 처   대경북스
  ISBN   978-89-5676-808-3

이 도서의 국립중앙도서관 출판예정도서목록(CIP)은 서지정보유통지원시스템 홈페이지
(http://seoji.nl.go.kr)와 국가자료종합목록 구축시스템(http://kolis-net.nl.go.kr)에서 이용
하실 수 있습니다. (CIP제어번호 : CIP2020008583)

등록번호 제 1-1003호
서울시 강동구 천중로42길 45(길동 379-15) 2F
전화: (02)485-1988, 485-2586~87 · 팩스: (02)485-1488
e-mail: dkbooks@chol.com · http://www.dkbooks.co.kr

들어가며

아이가 태권도장에서 피구를 하다가 발을 다쳤다. 활동량이 많고 승부욕이 강한 아이는 그 무엇을 해도 재미로 만족하기보다는 꼭 이겨야 한다. 그러니 항상 과격하게, 지나치리만큼 열심히 온 몸을 내던져서 한다. 그날도 역시 날아오는 공을 피하려고 몸을 날릴 때 구석에 세워 놓은 기름걸레쪽으로 떨어졌다. 몸이 떨어지면서 발바닥이 기름걸레의 날카로운 연결 부분에 찔려서 ㄴ자로 5cm 정도 찢어져 급하게 병원에 가서 꿰매야 했다. 발바닥을 꿰맨 아이는 처음 겪은 일인데다 엄살도 심한 편이라 발바닥을 땅에 대지 못하고 한쪽 발로 깽깽이 걸음을 걷고 있다. 자유롭게 움직이지 못하니 활동량이 많은 아이는 답답해 했다.

마침 주말이라 집에서 하루 내내 뒹굴뒹굴하는데, 그 시간을 어떻게 지내는지 지켜보자는 마음에 특별하게 잔소리하지 않고 있었다. 아이는 가장 먼저 집에 있는 만화책을 모두 꺼내서 자기 방으로 들고 갔다. 만화책을 보면서 혼자 낄낄거리며 웃기도 하고 재미있는 장면을 펴서는 함께 보자며 나를 부르기도 했다. 그 만화책은 내용을 외울 만큼 많이 본 것인데도 또다시 봐도 재미있나 보다.

아이들이 그렇게 같은 책을 몇 번씩 보면서도 재미있어서 웃는 걸 보면 나는 좀 이상하기도 하고, 그 시간에 다른 것도 좀 보면 좋겠다는 욕심이 생기기도 한다. 그렇게 한차례 만화책을 독파한 아이는 이번에는 세계 명작을 꺼내다가 읽기 시작했다. 만화책을 읽을 때 살짝 내 마음속에 생겼던 불만이 그제야 사라졌다.

인간의 욕심이 끝이 없는 것인지, 엄마의 욕심이 끝이 없는 것인지 그런 나 자신을 보면서 참 나약한 존재라는 생각이 들었다. 활동적인 아이가 날씨도 좋은 주말에 밖에 나가지도 못하고 집 안에 있는 것만으로도 답답할 텐데 싫다는 소리 하지 않고 책을 읽었다. 그 책이 내가 원하는 책이 아닌 만화책이라는 이유로 마음속에 불만을 갖고 있으니 얼마나 말과 행동이 일치하지 않는 자신의 모습인지.

평소 나와 수업하는 아이의 부모가 만화책만 읽는 아이에 대해 상담을 해 오면 요즘 만화책은 좋은 내용이 많으니 그거라도 읽는 걸 그냥 칭찬해 주라고 말한다. 그런데 막상 내 아이가 그러니까 나 역시 만화책보다는 좀 더 격이 있는 책을 읽었으면 하는 욕심이 생겼던 것이다. 쉬는 날 책은 거들떠보지도 않고 오로지 게임에만 몰두하는 아이들도 많은데, 만화책일지라도 하루 종일 책을 손에 잡고 있는 아이에게 불만이 생겼던 것이다.

요즘은 아이들이 즐길만한 것이 너무 많다. 특히 초등학생 정도만 되면 대부분 가지고 있는 스마트폰이 아이들을 책에서 멀어지게 만드는 주범이다. 현란한 화면과 눈에 보이는 레벨별 캐릭터는 아이들을 스마트폰 화면에 붙들어 놓기에 안성맞춤이다. 아이들끼리 같은 게임에 동시에 접속해서 벌이는 대결은 즉각적인 만족감을 주고 함께하고 있는 것같은 묘한 일체감도 느끼게 해서 아이들은 자신들이 함께 논 것으로 생각한다. 주변을 돌아보면 수많은 학부모들이 자녀와 스마트폰 때문에 신경전을 벌이고 있다. 핸드폰을 손에 쥐고 놓지 않으려는 아이와 그 손에서 핸드폰을 내려놓게 하려는 부모의 신경전은 갈수록 심해지고 사회적인 문제로까지 확대된 상황이다.

아이들뿐만 아니라 어른들도 스마트폰에 지나치게 많은 시간을 할애하고 있다. 지하철을 타면 거의 모든 사람들이 스마트폰 화면을 보고 있거나 귀에 이어폰을 끼고 스마트폰 소리에 집중하고 있는 것을 볼 수 있다. 음악, 영화, 드라마, 웹툰, 게임, 강의 등 카테고리 역시 다양해서 누구나 원하는 것을 원하는 때에 선택해서 접할 수 있으니 얼마나 다양하고 편리한가? 중독에 너그러운 편인 우리나라에서 스스로를 스마트폰 중독이라고 생각하는 사람이 점점 늘어나고 있으니 실제로 스마트폰 중독으로 분류되는 숫자는 예상을 뛰어넘을 것이다.

빠르게 변하는 화면에 익숙한 아이들이 정적이고 집중력을 요하는 무채색 화면인 책에 적응하기가 쉽지 않다. 책 읽어주는 스마트폰 어플도 많고 알록달록한 화면과 함께 읽어주는 책 내용은 기억에도 오래 남을 것 같고 별로 힘도 들지 않아서 직접 종이책을 읽는 것보다 훨씬 편하다. 그런데도 굳이 종이책을 읽어야 할까? '인간의 뇌'에 대해 전문적으로 알지는 못하지만 몇 가지 나만의 이유로 어릴 때부터 종이책을 읽어야 한다는 생각으로 아이가 책을 읽을 수 있는 분위기를 만들었다.

처음에 아이는 책이 장난감인 줄 알았다. 집에 있는 책을 모두 꺼내서 바닥에 늘어놓고 자신의 성을 만드는 데 썼다. 어떤 책은 성벽이 되기도 하고, 또 다른 책은 식탁이 되기도 했다. 책 속에 그려진 먹음직스러운 음식이 저녁 메뉴가 되기도 했다. 그렇게 책을 장난감 삼아 놀다 잠잘 시간이 되면 아이 옆에 누워서 아이에게 내가 책에서 읽은 이야기를 들려줬다. 옛날옛날에로 시작하는 이야기 듣는 시간을 아이는 매우 좋아했다. 점점 자라면서 그 이야기가 모두 동화책 내용이었다는 것을 알게 되면서 호기심을 갖고 한 권 두 권 책을 읽어 달라고 했다. 그렇게 아이는 책 읽기에 대해 알아가기 시작했다.

글자를 읽을 줄 알게 되면서부터 스스로 책을 읽더니 점점 책 읽는 재미를 느꼈다. 자기가 읽은 책의 내용을 나에게 이야기하는데, 내가 이미 알고 있는 내용이기에 서로 대화가 잘 됐다. 주인공이 잘한 일은 함께 칭찬해 주고 잘못한 일은 흉도 보면서 깔깔거리며 웃기도 했다. 때로는 자기가 읽은 책 중에서 내가 모르는 것이 있으면 자기가 승리한 듯 매우 자랑스러워하기도 했다.

그런 성취감을 자주 맛보기 위해서 아이는 일부러 집에 없는 책을 도서관에서 빌려 오기도 했다. 그런 아이가 너무 기특하다. 물론 활동적인 아이라서 밖에서 노는 시간도 많지만, 책을 읽을 때는 어디서 그런 집중력이 나오는지 밤늦은 시간까지도 책 속에 빠져서 읽곤 한다. 특히 방학 때는 학습을 강요하지 않는 편이라서 자기가 원하는 책과 내가 읽고 평가해 달라고 부탁한 책을 읽고 분류를 해 주기도 한다.

이렇게 자주 책을 집어 드는 아이가 발을 다쳐 마음대로 활동하지 못하니 이번 기회에 책을 더 많이 읽을 것 같아 내심 흐뭇해 한다. 그런데 베란다에 나가 공원에서 놀고 있는 아이들을 부러운 듯 바라보는 아이가 측은하기도 하다. 아이가 하루 빨리 나아서 마음대로 뛰어놀고 건강한 정신으로 책도 읽었으면 좋겠다. 내 아이처럼 모든 아이들이 신체적으로 정신적으로 균형 있고 건강하게 자라면 좋겠다.

균형 있게 발달한 아이로 키우고 싶은 것이 모든 부모의 바람이 아닐까?

차 례

3
왜 읽어야 하는가

4
책 읽는 아이로 키우는 방법

5
함께 써 볼까요

1
생각을 잊어버린 아이들

　지금까지 내 인생의 절반을 아이들과 함께 지냈다. 어릴 때 꿈이 선생님이라거나, 아이를 많이 낳아 기르는 것이라거나, 아이들과 관련된 일을 하겠다는 등의 계획이 있었던 것은 아니다. 어찌하다 보니 아이들을 가르치는 일을 하게 되었고, 그 일을 하면서 내 적성에 맞는 일이라는 것을 발견하게 되어 20년이 넘도록 하고 있다.

　좋아하는 일을 직업으로 삼고 있다는 사실만으로도 나는 행복한 사람이다. 아이들과 함께 있으면 에너지가 넘치고, 아이들의 걷잡을 수 없는 상상력을 소재로 황당한 세상을 그리며 유쾌한 시간을 보내기도 한다. 아이들과 함께 읽고 이야기 나누는 '동화' 속에는 내가 꿈꾸던 모습의 주인공이 등장해 대리만족을 느낄 수 있다. 아이들과 서로 자기가 착한 주인공을 하겠다고 유쾌한 경쟁을 하곤 하는데, 그순간의 즐거움은 늘 새로운 에너지를 준다. 동화에서 사용하는 단어들은 어른들의 그것보다 훨씬 단순하고 깨끗해서 마음이 정화되는 느낌을 받기도 한다. 같은 책을 읽고 같은 주인공이 된 후 보이는 아이들만의 행동도 각기 달라서 그것을 보는 것도 여간 재미있지 않다.

그런데 시간이 흐르면서 아이들의 모습이 변해가는 것이 아쉽다. 20년 전에 만난 아이들과 현재 만나는 아이들의 모습이 많이 달라졌다. 겉모습뿐만 아니라 아이들만의 순수함이 조금씩 사라져가고, 톡톡 튀는 창의성도, 넘치는 활력도 점점 약해지고 있다. 자기가 꼭 주인공이 되어야겠다는 고집을 버리지 않는다. 주인공은 친구에게 양보하고 자신은 비중이 적은 역할을 맡는 것을 거부한다. 타협이나 배려가 점점 사라져가고 있다. 요즘 아이들은 '생각'하기를 거부한다. '생각'하기보다는 자신의 지식이나 어른들의 지시에 '순응'하는 쪽을 택한다. 안타깝다.

아이와 함께 '생각 놀이'를 가끔 한다. 예를 들면

☺ 우리 집에서 달라진 부분 찾기

☺ 엄마랑 아이랑 서로 역할 바꿔서 하기

☺ 무인도로 여행 가는데 필요한 물품 챙기기

☺ 친구 두 명이 싸우고 있는데 중재하기

☺ 너는 학교에, 엄마·아빠는 회사에 있는데 지진이 났다면 어떻게 할까?

☺ 자기가 먹고 싶은 음식 말로 요리하기 등

이야기가 자연스럽게 이어질 때도 있지만 생각이 꽉 막혀서 진전이 없을 때도 있다. 하나둘씩 차근차근 이야기를 풀어가다 보면 예상치 못한 아이디어가 나오기도 하고, 엉뚱한 해결 방법을 제시하기도 한다. 근사한 대답이 아니어도 괜찮다. 어차피 정답을 필요로 하는 것은 아니니까. '생각 놀이'는 아이도 나도 생각하는 힘을 키우고 싶은 게 목적이니까. 생각하기를 거부하는 아이들에게 생각하는 힘을 키울 수 있는 기회를 제공하고 싶다.

수동형 생활 방식

아침에 일어나면 바로 화장실로 간다. 밤새 참았던 소변을 보고 식탁 의자에 앉는다.

"가서 세수하고 와."

"물기 좀 제대로 닦아. 목 뒤에 물이 그대로 있잖아."

"이거 먹어."

"오늘 일정 어떻게 되는지 알아?"

우리 집 아침 풍경이다. 아이는 몽롱한 표정으로 그저 묻는 말에 대답만 할 뿐 나 혼자 이것저것 지시하기에 바쁘다. 매일 비슷한 모습으로 하루를 시작한다.

학교에 다녀온 아이가 나에게 하는 말은

"엄마, 나 이제 뭐 해야 해?"

그 말을 듣는 순간 화가 치밀어 오른다.

"그걸 아직도 몰라서 나한테 묻니? 너는 정신이 있는 거니 없는 거니?"

"오늘 무슨 요일이야? 오늘은 첨삭 제출하고 영어 단어 외워야지. 어휴 내가 못살겠다."

풀 죽은 모습으로 자기 방으로 들어가는 아이의 뒷모습을 보며 혼잣말을 중얼거린다.

'어휴, 언제 자기가 스스로 알아서 하려나…'

수동적이란 스스로 움직이지 않고 다른 사람의 작용을 받아 움직인다는 뜻이다. 말 그대로 자신이 알아서 생각하고 움직이는 것이 아니라 외부의 자극에 의해 움직이는 것을 말한다. 우리 아이의 경우에 해당되는 말이다. 그런데 과연 이런 모습이 단지 내 아이에게만 국한되는 모습일까? 나는 우리 집에서 아이들을 가르치는 일을 한다. 아이들은 학교나 다른 학원에서 일정을 마치고 나와 함께 수업하기 위해 집으로 온다. 아이들은 어떤 행동을 하기 전에 꼭 나에게 물어본 후에 한다. 예를 들면

"선생님, 물 먹어도 되요?"

요즘은 아이들이 자신의 물통을 가지고 다닌다. 목마르면 마시면 되지 자기가 가지고 있는 물통에서 물 마시는 것도 나한테 물어보고 마셔야 하나?

"선생님, 손 씻고 와도 되요?"

자기 손이 더러워져 있으면 가서 씻는 것이 당연하지 않은가?

"선생님, 화장실 갔다 와도 되요?"

자신의 생리현상을 왜 꼭 허락받고 가야 하나? 화장실에 가고 싶다고 말하면 되지 내가 안 된다고 하면 안 가고 있다가 그냥 바지에 쌀 건가?

"선생님, 휴지 버리고 와도 되요?"

사용했으면 버려야지 더러운 휴지를 보관할 건가?

아이들이 이렇게 질문할 때 처음에는 '참 예의 바르다'라고 생각했다. 그런데 시간이 흘러도 변하지 않고 똑같은 질문을 계속하는 것을 보면서 여러 가지 생각이 들었다.

'어릴 때부터 너무 정규 교육에 익숙해져서 그런가?'

'자신의 행동이 수업을 방해할까봐 배려하는 마음으로 질문하는 것일까?'

'자기 집이 아닌 곳에서 수업하니까 익숙하지 않아서 그런가?'

'너무 많은 규칙을 강요받아서 그런가?'

여러 가지 이유가 있겠지만 결론은 아이들이 스스로 생각하고 판단해서 행동하려고 하지 않는 수동적인 삶을 살고 있기 때문이다. 스스로 판단하고 행동하기보다는 어른의 지시에 따르는 것에 익숙해져 있는데, 어른이 먼저 지시하지 않으니 질문을 하게 되는 것이다. 그 질문의 내용이 나를 뜨악하게 하지만.

그런데 아이들뿐 아니라 어른들도 이런 수동적인 태도에 익숙하다. 주어진 일만 하고 지금까지 해왔던 방식으로 일을 처리한다. 아이의 양육도 예전부터 하던 방식대로 한다. 자신이 자랄 때 받았던 주입식 교육을 자기 자녀들에게 그대로 전달한다. 아이들이 생각하여 스스로 선택할 수 있도록 하기보다는 쉽고 간단하게 시키는 쪽을 택한다. 나는 시키고 아이는 움직이고. 아이들이 이렇게 수동적으로 생활하게 된 원인은 바로 나 자신에게 있다.

모든 동물 중에 스스로 생활하는데 가장 오랜 시간이 걸리는 동물이 바로 인간이다. 강아지는 태어난 지 몇 시간만에 눈을 뜨고 한 달이 되면 걷는다. 덩치 큰 송아지도 태어난 후 몇 시간 뒤면 걷기 시작하고 몇 개월 지나면 스스로 살아갈 채비를 갖춘다.

그러나 인간은 아주 오랜 시간 동안 부모의 보살핌과 훈련을 받아야만 스스로 살아갈 수 있게 된다. 스스로 살아갈 수 있도록 잘 보살피고 교육하는 것이 부모의 의무이자 동시에 보람이기에 최선을 다해 아이를 양육한다.

그런데 이런 양육 방법에는 문제가 있다. 내가 아침마다 아이에게 똑같은 지시를 하는 것이 내 방법에 문제가 있음을 증명하는 것이다. 아이가 시키는 대로 하지 않고 자기 스스로 생각하고 판단할 수 있게 하려면 아이에게 그런 것을 해 볼 수 있는 기회를 주어야 한다. 기회를 줬다면 충분한 시간과 기다려 줄 수 있는 마음의 여유도 있어야 한다. 처음 하는 일을 처음부터 능숙하게 할 수는 없지 않은가?

그럼에도 나는 아이가 선택한 일을 시도할 때 기다려 주지 못하고,

내 기준에 부합되지 못하면 제재를 가하고 지적하고 평가하면서 아이의 자존감을 무너뜨렸다. 한 번, 두 번, 세 번. 반복되는 나의 손가락질에 아이는 점점 의욕과 자신감을 잃었다. 결국 사소한 일에도 부모의 지시를 바라는 수동적인 아이로 굳어졌다. 그런 아이에게 나는 수동적이라며, 스스로 알아서 하지 못한다며 나무라고 있다. 도대체 아이에게 어떻게 하라는 건지. 내가 생각해도 답이 없다.

"젓가락질은 검지와 중지 사이에 젓가락을 기대서 잡아야 돼"

"이렇게?"

"아니지. 잘 봐. 이렇게."

"아휴, 잘 안 돼."

"처음부터 잘 되냐. 계속 연습해봐"

처음부터 잘 되는 거 아니니까 천천히 연습하면 될 거라고, 연습하면 된다고 기다려 줄 수 있는 척했다. 그러면서 젓가락을 사용하는 문화권이 머리가 좋고 어쩌고저쩌고 하면서 거창한 부연 설명을 했다. 아이는 기다려 준다는 내 말에 안심하고 의욕이 생겨서 젓가락질 연습을 한다며 반찬을 집어 자기 그릇으로 옮기면서 여기저기 흘렸다. 1분, 2분, 3분. 시간이 흐르고 김치처럼 흔적이 많이 남는 음식이 식탁 여기저기 흩어지는 것을 보다가 결국 소리를 질렀다.

"야, 그만해!!"

아이가 초등학교 1학년 때 겪은 일이다. 그 이후로 아이는 자기 나름의 편한 방법으로 젓가락질을 하고 있다. 젓가락 잡은 모습이 조금 이상하기는 해도 밥 먹는 데에는 아무런 불편함이 없다. 그런데도 나는 지금도 가끔 아이에게 젓가락 잡는 법에 대해 강의(?)를 하곤 한다. 남편이 젓가락질을 제대로 못해 우리 집에 처음 인사왔던 날 쩔쩔매던 경험을 들춰가며 내가 시키는 대로 못하는 아이에게 마음속 깊은 곳에 있는 못마땅함을 감춘 채 '이게 다 너를 위해서 하는 말'이라고 자신을 포장하면서.

아침부터 잠들기 전까지 대부분의 일을 시키는 대로 하는 아이를 보면서 '생각없는 아이'라고 쓴 소리를 한다. '생각없는 아이'가 아니라 아이의 '생각을 빼앗는 엄마'인 나 자신을 반성한다. 그럼 내가 빼앗은 아이의 생각을 어떻게 되돌려 주어야 할까?

꿈, 그런 거 없어요.

한때 버킷리스트 작성이 유행처럼 번졌던 적이 있었다. 너도나도 자신이 잊고 살았던 꿈을 찾아내기 위해 '세계여행'같은 장기적이고 거창한 것에서부터 '날마다 아침에 커피 한 잔과 명상하기'와 같이 사소하고 일상적인 것까지 정말 셀 수없이 많은 꿈을 적느라 고민했던 기억도 있다. 우리 집 식탁 쪽 벽면에는 세 식구의 꿈을 적은 메모지가 붙어 있다. 또 메모만으로는 부족해 드림보드를 만들어 자기의 꿈을 나타낼 수 있는 이미지를 집 안 여기저기에 잔뜩 붙여 놨다. 몇 년이 지난 지금까지도 이루지 못해 해마다 똑같은 꿈 목록이 등장하기도 하지만, 몇 가지 이루어진 꿈을 체크할 때는 기분도 좋고 의욕도 생긴다.

몇 년 전, 세 식구가 처음으로 버킷리스트를 작성할 때 아이는 부모에 대해서 다시 생각해 보게 되었다고 한다. 왜냐하면 엄마·아빠가 자신의 꿈에 대해 진지하게 이야기한 적이 없었으니 아이는 엄마·아빠의 꿈이 무엇인지 알지 못했고 관심도 없었다. 그저 부모는 당연히 꿈도 없고 회사 다니며 자식을 키우는 것만 하는 사람으로 생각했었다는 것이다. 항상 자기가 하고 싶은 일이 중요했고, 자기가 원하는 대로 부모가 움직여 주는 것은 당연하다는 생각이었다.

그런데 함께 꿈 목록을 작성하면서 부모도 하고 싶은 것이 있고 이루지 못한 꿈에 대한 그리움을 안고 살아간다는 사실을 알게 되어 미안한 마음이 들었다고 했다. 이렇게 꿈을 이야기하면서 서로를 좀 더 알게 되고 이해할 수 있게 되었다. 내 꿈 목록 중에 '좋아하는 가수 이선희 콘서트 가기'가 있었다. 아이는 나에게 그런 꿈이 있다는 사실을 알고 깜짝 놀랐다.

"엄마, 진짜 이선희 콘서트 가고 싶어?"

"응, 예전에 한 번 간 적 있는데 앞자리는 너무 비싸서 제일 뒤에서 보고 왔어."

"콘서트 언제 하는데?"

"이번에는 이미 끝났어. 다음에 또 하겠지."

이런 이야기를 나누며 함께 꿈 목록을 작성했다. 꿈 목록을 작성하면서 기대감에 설레기도 했고, 실현 불가능해 보이는 꿈이라며 빼라고 잔소리하는 남편과 다투기도 하면서 즐거운 시간을 보냈다. 아이도 꿈 목록을 작성하는 동안 자신이 진정으로 원하는 것이 무엇인지에 대해 조금씩 알아가고 있다. 그렇게 작성한 꿈 리스트를 잊지 않기 위해 눈에 보이는 곳에 붙여 놓고 연말이면 가족이 함께 자신의 버킷리스트를 얼마나 실현했는지 체크하며 내년 계획을 세운다. 우리 집으로 수업하러 오는 아이들은 여기저기 붙어 있는 드림보드를 보고는 신기하게 쳐다보고 물어 보곤 한다.

사람이 한 평생을 살면서 꿈을 갖는 것이 얼마나 중요하고 동기부여가 되는지 익히 알고 공감하기에 나의 꿈뿐만 아니라 내가 만나는 아이들에게도 꿈에 대해 자주 질문한다. 하지만 꿈에 대해 질문했을 때 쉽게 즉시 대답하는 사람은 별로 없다. 어른도 아이도.

꿈이 무엇이냐고 물어보면 처음에는 "몰라요"라고 대답한다. 자신의 꿈이 무엇인지 모른다는 게 조금 이상해서 다시 질문한다. 언제부터 꿈이 없었는지. 그러면 아이들은 예전에는 이러이러한 꿈이 있었는데 이제는 꿈이 없다고 한다. 왜 꿈이 없는지 물어보면 그냥 싫어졌다거나, 자신이 그 꿈을 이루기에는 실력이 부족하다고 생각한다거나, 부모님이 그런 꿈은 필요없다고 하셨다는 대답이 돌아온다. 본인이 싫어졌다는 부분에 대해서는 나도 할 말이 없다. 대신 어떤 일을 하고 싶은지 찾으면 되니까.

1. 생각을 잊어버린 아이들

그런데 부모님이 반대해서 꿈을 버렸다는 데에 대해서는 궁금증이 생긴다. 왜 부모님이 반대하시는지 물어보면 절반 이상은 '돈 많이 못 버는 직업'이라는 것이 이유다. 아이가 마음껏 상상하고 여러 분야에 도전해 자신의 역량을 키울 수 있도록 도와줘야 하는 부모가 꿈은 곧 직업이라는 생각으로 아이의 가능성을 너무 일찍부터 잘라버리는 현실이 안타깝고 슬프다.

꿈이란 단순히 직업을 의미하는 것은 아니다. 실현하고 싶은 희망이나 이상, 실현될 가능성이 아주 적거나 전혀 없는 헛된 기대나 생각이라고 정의할 수 있다. 그런데 요즘 아이들은 꿈에 대해 질문하면 바로 직업과 연결시킨다. 그리고 그 직업은 경제적 수입과 연결된다. 그나마 직업과 연관되는 꿈이라도 갖고 있으면 다행이다.

꿈이 있는 사람은 일상에서 크고 작은 기쁨을 맛볼 수 있다고 한다. 그런데 요즘 아이들은 왜 꿈을 갖지 못하는 것일까? 꿈 꿀 수 있는 자유가 우리에게 주어졌는데 왜 그 자유를 누리지 못하는 것일까? 어릴 때는 무엇이든지 가능하고, 자기 마음대로 생각할 수 있는 특권이 주어져 있는데 왜 그런 권리를 행사하지 않는 것일까? 세상을 아직 많이 경험하지 않았기에 사회가 요구하는 여러 제약으로부터 자유로운 시기에 왜 스스로를 제도 속에 가두려고 할까?

그 이유는 꿈에 대한 고정 관념과 편견 때문이다. 꿈이란 실현 가능한 현실성이 있어야 하고, 꿈을 정했으면 그것을 꼭 이루어야 한다는 강박증같은 것을 갖고 있기 때문이다. 아이 스스로 갖게 된 편견이 아니라 어른이 주입시킨 강박증 때문이다. 물론 꿈을 이루면 좋다. 그리고 그 꿈을 이루기 위해 최선의 노력을 해야 한다. 꿈이 중간에 다른 것으로 변경된다 하더라도 꿈을 갖고 있는 동안에는 할 수 있는 만큼 열심히 해야 한다.

그런데 과연 꿈은 꼭 결과 지향적이어야 할까? 결과로 나타나지 못하는 것은 꿈도 아닐까? 그런 꿈을 마음속에 품으면 안 되는 것일까? 왜 우리 아이들에게 꿈 꿀 수 있는 기회를 주지 않는 것일까? 나의 고정관념이, 나의 편견이 아이들에게서 꿈을 빼앗고 있는 것은 아닌지 생각해 보아야 한다.

내 아들의 '2019년 꿈 목록' 중에 '낚시 10번 하기'가 있다. 작년 말에 한 해를 돌아보며 가장 즐거웠던 일과 속상했던 일을 나눌 때 낚시를 조금밖에 못한 것이 속상했다고 하면서 올해는 낚시를 10번 가는 게 자기 꿈이라고 정했다. 아이가 6세 때 지인의 회사에서 직원 행사로 배낚시를 갈 때 우리 가족도 초대를 받아서 함께한 적이 있다. 나는 태어나서 낚시라는 것을 그때 처음 해봤다. 나는 멀미를 심하게 하는 편이라서 별로 내키지 않았지만 아이와 남편이 기대하고 또 초대해 준 지인의 성의를 생각해서 참가했다.

인천에서 배를 타고 먼 바다로 가서 낚시를 했다. 우리 가족은 낚싯대가 없어서 그냥 낚싯줄을 내렸다가 손으로 감아 올렸다. 행사가 중간쯤으로 접어 들었을 때 선장이 이벤트를 마련했다. 오늘 가장 큰 물고기를 잡은 사람에게 부상으로 낚싯대를 준다는 것이었다. 평소 경쟁심이 많고 욕심이 많은 아들은 그 말을 듣고는 마음이 바빠졌다. 빨리 큰 물고기를 잡아 일등하고 싶은 마음에 안절부절 못하며 여기저기로 왔다갔다 하면서 낚싯줄 올렸다내리기를 반복했다. 그렇게 왔다갔다 하던 아들의 낚시바늘에 얼떨결에 제법 큰 물고기가 걸렸다.

아들은 환호성을 지르며 조심스럽게 고기를 건져 올렸다. 아들은 신이 나서 선장에게 물고기를 내밀며 크기를 측정해 보라고 했다. 다른 사람들이 잡은 물고기가 아들이 잡은 것보다 더 큰 것도 있었지만 그들은 어린아이의 기뻐하는 모습을 보고는 슬며시 물고기를 통 속에 집어넣거나 배에서 바로 회로 먹었다. 결국 어른들의 그런 배려 덕분에 아이는 1등을 했고 낚싯대를 선물로 받았다.

그때부터 아이의 낚시 일정이 시작되었다. 1년에 몇 번씩 아이를 위해 바다로 간다. 방파제에서 낚시를 하거나 배를 타고 나가기도 한다. 아이가 낚시를 할 수 있도록 하려면 부모의 희생(?)이 필요하다. 그리고 아이가 낚시를 한다고 해서 그것이 그럴듯한 미래와 연결되지도 않는다. 때로는 그렇게 시간을 흘려보내는 아이를 보면서 조바심이 생기기도 하고, 그만두라고 말하고 싶은 충동도 생긴다.

그런데 아이는 낚시를 하면서 자신의 모습을 발견하곤 한다. 욕심 많은 자신의 성향을 인정하고 스스로에게 위로를 건네기도 한다. 긴긴 시간을 하염없이 앉아서 낚싯대를 바라보는 동안 온전히 자기 자신을 마주하고 있는 것 같다. 자신의 급한 성격을 낚시하는 동안에 어떻게 다스려야 하는지, 자신이 낚시를 하고 싶은 진짜 이유가 무엇인지 등. 그런 것에 대해 이야기를 나누는 것이 아이에게 낚시할 수 있도록 기회를 제공한 나에게 돌아오는 대가다. 이것이 바로 '꿈'이 필요한 이유가 아닐까?

우리 아이들이 꿈이 무엇이냐는 질문을 듣고 망설임없이 자신의 꿈을 이야기할 수 있으면 좋겠다. 꿈을 이야기할 때 행복해지고, 에너지가 생기고, 미소가 떠오르면 좋겠다. 실현 가능성을 생각하기 전에 마음껏 꿈 꿀 수 있었으면 좋겠다. 어른이 정해준 꿈이 아니라 자신만의 꿈을 꿈꿀 수 있도록 아이들에게 영혼의 자유로움을 허락해 주어야겠다.

얼마 전 아이가 용돈을 모아 선물해 준 이선희 콘서트 티켓이 너무 좋다.

질문이 사라지다

어느 대학교에서 있었던 일이다. 한 교수가 처음으로 강단에 선 날, 학생들에게 강의의 전반적인 내용과 평가 기준 등을 열심히 이야기했다. 그리고 학생들을 향해 친절한 말투와 기대감에 찬 표정으로 "질문 있으세요?"라고 물었다. 1분, 2분…. 어색한 침묵의 시간이 흘렀다. 교수도 학생도 서로 머쓱한 표정으로. 학생들은 교수와 눈이 마주칠세라 고개를 푹 숙였다. 교수가 다시 "질문 있으세요?"하고 물었으나 이번의 침묵은 더 무겁고 강의실 분위기는 한층 더 가라앉았다. 잠시 후 교수는 말했다. "제가 처음 강의를 맡아서 흥분도 되고 기대도 됐지만 걱정도 되었어요. 그래서 선배 교수님께 이야기를 했더니 선배 교수님이 저에게 명쾌한 답을 해 주셨어요. 그래서 걱정을 내려놓게 되었지요."

학생들은 교수의 말을 듣고는 흥미진진한 표정으로 고개를 들었다. 강의실을 한 바퀴 쓱 둘러본 교수가 다시 말했다. "선배님의 충고는 바로 이것이었어요. 걱정하지마. 학생들은 절대로 질문 안 하니까." 학생들은 웃음을 터트렸다. 어이없기도 하고 정말 공감하기도 한다는 의미의 웃음을.

강의가 끝난 후 학생들에게 기자가 물었다. 왜 아까 교수의 질문에 대답하지 않았는지. 학생들의 대답은 이랬다. 질문을 할 때 자기에게 시선이 집중되는 것이 싫어서, 남들이 안 하니까. 엉뚱한 질문이라고 평가받을까봐 두려워서, 내 질문이 수업에 방해가 될 것 같아서 등등

오랫동안 아이들과 책을 읽고 이야기 나누고 독후감 쓰는 수업을 하면서 아이들의 생각하는 힘이 점점 떨어지는 것을 느꼈다. 예전에 비해 아이들의 지능지수는 높아졌고, 문제 풀이 능력도 좋아졌고, 학교에서 배우는 것도 훨씬 어려워졌다. 7~8세 아이들이 영어를 줄줄 읽고 쓰고, 초등학교 2학년이면 벌써 구구단을 외우고, 초등학교 6학년이면 민주주의와 입법 과정에 대해 배우는 등 학습능력이 월등해서 '우리 아이들이 모두 천재가 아닐까?'라는 생각도 가끔씩 한다.

나는 언제 저런 것들을 할 줄 알게 되었는지 생각해 보니 초등학교 때는 날마다 놀았던 기억밖에 없다. 초등학교에 입학할 때 내 이름도

쓸 줄 몰랐고, 영어는 중학교에 들어가서 A, B, C, D를 배웠다. 그래서 그런지 요즘 아이들이 나보다 더 영어를 잘한다. 상식도 얼마나 풍부한지 다양한 분야에 대해 질문해도 척척 대답하는 아이들도 많다.

그런데 배운 대로 알아듣고 이야기할 수는 있지만 조금만 다르게, 다른 관점으로 질문을 하면 전혀 대답하지 못하는 경우가 대부분이다. 온갖 지식을 머릿속에 넣고 있지만 정작 상황에 따라 다르게 적용할 수 없는 초창기 컴퓨터와 똑같아진 것 같다. 최근에는 컴퓨터와 사물도 인공지능(AI)으로 발전해서 감정을 느끼고 스스로 판단하고 결정하는 생각의 영역까지 확대되고 있는데, 인간은 반대로 생각의 영역에서 퇴보하고 있으니….

"숙제로 5문제 만들어 오기야."

"그냥 안 하면 안 돼요?"

"책을 읽었으면 생각을 해야지. 그러니까 생각해서 문제 만들어 와."

"생각하기 귀찮아요. 어려워요."

항상 책을 읽고 그 책에서 내가 친구들과 함께 이야기 나누고 싶은 주제를 5가지 생각해서 문장으로 만들어 오라는 숙제를 내 준다. 그리고 그 주제에 대해 자신의 의견을 생각해 오라고 한다. 처음에 아이들은 이 숙제를 너무 싫어했다. 책의 내용 중에 있는 어떤 사실을 찾는 것은 쉬운데, 이렇게저렇게 생각해 보고 그 생각을 정리해서 글로 써 온다는 것이 낯선 경험이고 시간도 많이 걸리기 때문이다. 그래서 요령을 부려 책 내용을 검색해 다른 사람이 써 놓은 주제를 베껴오기도 했다.

아이의 언어와 어른의 언어가 다르다는 것을 모르는 아이는 그렇게 하면 통과될 거라고 생각하지만 어림도 없는 얘기다. 네 생각으로 한 것이 아니고 어디서 베꼈는지 솔직하게 말하라고 하면 아이들은 내가 어떻게 알았는지 깜짝 놀란다. 역시 아이는 아이다. 그런 일을 한 번 겪고 나면 함부로 남의 생각을 훔쳐오는 행동은 하지 않는다. 숙제가 너무 어렵다고, 힘들다고 투정을 부리면서도 한 번, 두 번 연습해보고 다른 친구들과 함께 이야기를 나누면서 조금씩 재미를 느끼게 되었다.

처음에는 아이들이 이야기를 할 때마다 슬쩍슬쩍 내 눈치를 살폈다. 혹시 자신의 의견이 틀린 것은 아닌지 확인하는 듯했다. 그러면 나는 괜찮다는 몸짓으로 아이에게 힘을 실어준다. 말을 할 때도 자신감없이 우물쭈물하기도 하고 반대로 다른 친구들이 말할 때 중간에 끼어 들어서 말을 가로막기도 했다. 서로 목소리가 커져서 싸우는 것 같은 상황이 벌어지기도 하고, 때로는 말을 하다가 울먹이기도 했다.

아이들은 자신이 말하는 태도가 그렇다는 것을 잘 인지하지 못한다. 그래서 아이들이 토론하는 동안 동영상을 찍어서 보여준다. 그러면 아이들은 자신의 모습을 객관적으로 보게 되고 내가 지적하는 것보다 스스로 알아서 자신의 태도를 고치려고 노력한다. 한 발 떨어져서 자신을 바라보는 것이 여러 면에서 도움이 된다. 그렇게 많은 시간을 함께 보내면서 아이들은 지금 자기와 함께 수업하는 친구를 매우 소중한 존재로 받아들이고 있다.

어릴 때부터 친해진 친구들끼리도 친구가 무엇을 좋아하는지, 어떤 경험을 했는지, 친구의 관심사는 무엇인지 잘 모르는 경우가 많다. 이렇게 책을 읽고 서로 질문하면 서로에 대해 많이 알게 되고 이해하게 된다. 게다가 아이들이 질문을 시작하면 어느 방향으로 튈지 모르기 때문에 내 입장에서는 긴장할 수밖에 없다. 책과 관련된 아주 착한 질문에서부터 시작해 전혀 상관없는 자신만의 세계로부터 만들어내는 질문까지 그 범위가 우주 초월적이기 때문이다.

그런데 흔히 모범생으로 분류되고 학습 성적이 좋은 아이들보다는 예측하기 어려운 돌발 행동을 자주하는 아이들에게서 상상 초월 질문들이 쏟아지는 경우가 더 많다. 이렇게 생동감 넘치는 아이들과 함께 보내는 시간은 너무 행복하다. 그 행복함을 느끼는 시간이 점점 줄어든다는 것이 아쉽지만….

아이들의 질문이 점점 줄어드는 이유는 무엇일까? 삼삼오오 모여 있는 아이들 곁에 가보면 모두 똑같은 게임을 하고 있거나 똑같은 물건을 들고 있다. 이야기의 주제도 대부분 동일하다. 게임, 연예인, 패션 브랜드, 영화 등등. 모두 같은 음식을 먹고, 같은 물건을 갖고, 같은 놀이를 하게 된 게 언제부터일까? 광고의 힘인지 남들과 똑같은 것을 갖지 못한 것을 부끄럽게 여기고 부러워하는 현실에서 남들과 다른 것을 인정하기란 쉽지 않다. 보이는 것부터 모두 똑같은 것을 추구하는데 내면이라고 얼마나 다를까? 구별되지 않는 획일성을 갖고 있는데 남과 다르게 행동하고 생각하는 것이 가능하기나 할까? 남과 다르게 생각하라고 아무리 외쳐도 메아리로 돌아올 뿐이다.

새로운 모델이 나올 때마다 수많은 사람들이 밤 새 줄서서 구매하는 아이폰을 만든 애플사의 CEO였던 스티브 잡스를 기억할 것이다. 전 세계 젊은이들의 우상이며 롤 모델인 잡스가 위대한 업적을 남길 수 있었던 원동력은 무엇인가? 그가 늘 강조했듯이 바로 '생각의 힘'이 아닌가? 그는 자신을 키운 것은 학교가 아니라 동네 도서관이었다고 말한다. 날마다 동네 도서관에 가서 책 읽는 재미에 빠져 있었다. 얼마나 책을 많이 읽었으면 동네 도서관에 있는 책을 모두 읽었을까? 혼자 책을 읽는 동안 잡스는 어떤 생각을 했을까?

그당시 잡스와 같은 또래의 아이들이 도서관을 즐겨 찾았던 것은 아니다. 잡스의 그런 행동은 남과 다름을 부끄럽게 생각하지 않았기 때문에 가능한 것이다. 그렇게 자기 내면의 목소리에 귀를 기울이고 자신에게 끊임없이 질문했기에 오늘날의 잡스가 탄생한 것이다. 잡스는 CEO 시절에도 매년 통나무집에서 '생각주간'을 가졌던 것으로 유명하다. 그 기간 동안 핸드폰도, TV도, 인터넷도 모두 차단하고 책을 읽고 생각하는 시간을 가졌는데 그 시간 이후에 새로운 제품이 나왔다고 한다. 생각의 위대함을 몸소 실천하고 보여준 사람이다.

날마다 질문하는 삶! 말은 쉽지만 실천은 어렵다. 그럼에도 꼭 해야 할 일이다. '나 자신에게 오늘은 어떤 질문을 던졌는가?' '몇 번이나 질

문했는가?'

빠져나올 수 없는 중독 상태

우리 엄마는 74세이며, 1남 4녀 중 네 번째로 태어났다. 할아버지는 엄마가 어릴 때 돌아가셔서 얼굴도 기억나지 않는다고 하셨다. 할머니는 어린 자식 다섯 명을 혼자서 키워야 했다. 배운 것도 없고 재산도 없었던 할머니는 온갖 일을 하면서 자식들을 키웠지만, 세상은 그렇게 호락호락하지 않았다.

엄마가 어릴 때 하나밖에 없는 엄마의 오빠(외삼촌)가 밖에서 놀다가 6.25 전쟁 때 심어 놓았던 지뢰를 밟아서 크게 다쳤다. 그 일로 외할머니와 외삼촌은 비행기로 수송되어 미국에서 몇 년 동안 치료를 받고왔다. 그때 함께 놀다가 다친 친구들은 대부분 죽었다. 외삼촌과 친구 1명만 무사히 치료를 마치고 돌아왔지만 외삼촌은 사람구실을 제대로못했다. 그동안 집안은 점점 더 엉망이 되었다.

엄마는 먹는 입 하나 줄여야 한다는 생각으로 동네에서 자식처럼 키워주겠다던 경찰관 집으로 8세 때 보내졌다. 경찰관에게는 아들만 둘이 있어서 엄마를 수양딸로 키워준다고 했다는 것이다. 기대 반, 두려움 반으로 남의 집에 가서 비교적 넉넉한 생활을 하던 엄마는 4.19 혁명으로 그 집이 망하는 바람에 다른 집으로 보내졌다. 이번에는 양녀가아닌 식모로.

엄마가 학교에 다닌 것은 경찰관 집에서 살 때 몇 개월 다닌 게 전부다. 아무리 수양딸로 삼았다고는 해도 친자식이 아니라 집안일도 도와야 하는 처지인 아이를 학교에 보내기는 별로 내키지 않았을 것이다. 엄마는 책가방 들고 학교에 가는 아이들이 가장 부러웠다. 먹고 사는 게 시급했던 엄마는 그 이후 배움의 기회를 갖지 못했고 한글도 모른 채 평생을 살게 되었다. 글을 읽을 줄 모르니 삶이 얼마나 고달팠을까?

그렇게 어려운 삶을 살아 온 엄마는 결혼해서 1남 4녀를 낳았다. 우리 집 역시 가난한 형편이라 엄마는 오로지 자식들을 번듯하게 키워야 한다는 일념으로 온갖 일을 마다하지 않고 앞만 보고 달리셨다. 그런 엄마의 평생 소원은 글을 읽을 수 있었으면 좋겠다는 것이었다. 자식들도 다 성장했고 이제 당신 삶의 시간표가 조금 느슨하게 흘러가기 시작할 즈음, 엄마는 평생 소원이던 '한글 공부'를 시작했다. 동네 복지관에서 '노인들을 위한 한글교실'을 운영하고 있었는데 엄마도 늦깎이 학생이 된 것이다. 기대감으로 가득 찬 엄마와 함께 준비물을 사러 문구점에 갔다.

"엄마, 이 공책 어때?"

"나도 모르겠다. 이거 사면 되는 거야?"

"준비물에 10칸 공책이랑 필기도구라고 있었는데."

"무슨 공책이 이렇게 예쁘냐!"

"엄마가 날마다 쓸 거니까 엄마 마음에 드는 예쁜 걸로 골라요."

"아이고 다 예쁘다."

문구류를 쳐다보는 엄마 눈에서는 감탄과 기대와 아쉬움이 묻어났다. 눈가에 비친 눈물이 그동안 고달팠던 엄마의 삶을 이야기하는 것 같아서 내 마음도 아팠다. 그렇게 한글 공부를 시작한 엄마는 지금까지 내가 알고 있던 엄마의 모습과는 많이 달랐다.

'우리 엄마가 저런 사람이었나?'

'왜 진작 이런 기회를 만들어드리지 못했을까?'

'내가 어릴 때는 철이 없어서 엄마가 글 읽을 줄 모른다는 것을 부끄러워했었는데, 좀 일찍 철이 들었다면 엄마도 조금 더 빨리 행복을 느끼지 않았을까?'

뇌세포가 퇴화하고 있는 단계에서 무언가를 배운다는 것이 쉽지 않다. 의욕은 넘치지만 금세 잊어버리게 된다. 지구력이 생겨 오래도록 책상에 앉아 있을 수는 있지만 아직도 해야 할 집안일이 있으니 당신을 필요로 하는 상황이 수시로 생겼다. 당신 마음처럼 진도가 잘 나가지 않아서 속상해 하고 우울해지기도 했다. 복지관에서 선생님 설명을 들을 때는 다 이해한 것 같았는데 막상 받아쓰기 시험을 보면 맞은 것보다는 틀린 것이 더 많았다. 한글이 쓰는 것과 읽는 것이 달라서 너무 어렵다고 하소연할 때도 있었다. 그럴 때마다 괜찮다고, 서두르지 마시라고 용기를 드렸다. 차근차근 틀린 것에 대해 소리 나는 것과 쓰는 것이 어떻게 다른지 설명해드렸다.

나는 지금까지 남의 자식들은 가르쳤으면서 정작 소중한 내 부모님에게는 그렇게 해 드리지 못한 것이 미안했다. 처음에는 자식에게 그런 것을 물어보는 것을 부끄럽게 생각하셨는데 대단한 엄마라고 칭찬해 드렸더니 이제는 덜 쑥스러워 하신다. 내가 엄마 집에 갈 때마다 국어·수학 책을 꺼내 놓고 당신이 틀린 것에 대해 알려 달라고 하셨다. 그럴 때면 틀린 것을 설명해 드리기 전에 꼭 해야할 일이 있다. 바로 잘 푼 문제를 보고 마음껏 칭찬해드리는 것이다. 그런 칭찬을 받을 때 엄마의 환한 표정은 정말 보기 좋다.

인간은 누구나 칭찬을 받고 자란다는 것을 다시 생각하게 된다. 포기하지 않고 날마다 열심히 익힌 덕분에 몇 년이 지난 지금은 자연스럽게 책을 읽고 쓸 수 있게 되었다. 복지관에서 최고로 성실한 학생인 엄마는 올해부터 검정고시에 도전한다면서 저녁에 주민자치센터에서 운영하는 프로그램에도 참가하신다. 평생을 자기 이름도 쓸 줄 모르는 까막눈으로 살던 엄마에게 글자를 읽을 수 있다는 것은 새로운 세상이 열린 것과 같은 일이다.

버스나 지하철을 혼자 타고 외출을 할 때도 겁나지 않는다. 어디든지 이정표를 보고 찾아갈 수 있으니까. 글을 읽을 줄 모를 때는 혼자서 낯선 곳을 찾아간다는 것은 엄두도 낼 수 없었다. 몇 번씩이나 사람들에게 묻고 또 물어야 목적지에 도착할 수 있었다. 하지만 이제는 겁날 것이 없다. 노선표를 보고 방향을 찾을 수 있다. 이제 엄마는 길 가면서도 간판을 하나하나 읽고, 글자가 인쇄된 종이라면 무조건 들고 읽는다. 책뿐만 아니라 광고지, 문자, 식당 오픈 행사 안내장까지 눈에 보이는 글자는 모두 읽는다. 엄마는 현재 '읽기 중독' 상태다. 이런 엄마의 중독을 열렬히 응원한다. 하지만 반대로 현대인들은 너무 안타까운 중독 상태인 경우가 대부분이다.

모처럼 일찍 퇴근한 날, 가족이 함께 갈비를 먹으러 식당에 갔다. 테이블마다 가족 단위 손님들이 지글지글 익어가는 고기를 사이에 두고 앉아 있었다. 모두들 고개를 푹 숙이고 아무런 말도 없이 익은 고기를 집어 입에 넣을 뿐, 떠들썩하게 이야기를 주고받는 사람들은 주로 회사 동료들로 보이는 팀이었다. 함께 식당을 둘러보던 아이가 말했다.

"저렇게 핸드폰만 할 거면 왜 외식하러 온 거야?"

"그러게"

"그냥 집에서 각자 핸드폰 보면서 밥 먹으면 되지."

"솔직히 말하면 너도 하고 싶잖아."

"그건 그렇지…"

"네 친구들도 평소에 핸드폰 많이 하니?"

"요즘 핸드폰 안 하는 애들 없어."

심각한 중독 상태를 보이는 것이 어디 핸드폰뿐인가? 드라마 중독, 게임 중독, 알코올 중독, 약물 중독, 카페인 중독, 니코틴 중독, 탄수화물 중독, 매운맛 중독 등 종류도 다양하다. 이런 중독의 특성은 갈망(渴望)과 내성(耐性)이 생긴다는 것이다. 끊임없이 원하고, 점점 더 원하

1. 생각을 잊어버린 아이들

게 되는 중독은 점점 다양한 분야에 걸쳐서 나타난다. 드라마를 1회부터 마지막 회까지 다시보기로 본다거나, 홈쇼핑 채널을 그냥 넘기지 못하고 충동 구매를 하는 등 어떤 행동을 적극적으로 하는 형태의 중독도 있지만 반대로 아무것도 하지 않는 '무기력 중독'도 심각하다.

한때 북한이 우리나라를 쳐들어오지 못하는 이유가 바로 중2 때문이라는 우스운 소리가 있었다. 그만큼 중2 정도의 학생들은 과격하고 돌발적인 행동을 많이 한다는 말이다. 그런데 그들의 또 다른 특징은 바로 '무기력'이다. 아무것도 하고 싶지 않다고 호소하는 아이들이 넘쳐난다. 가장 하고 싶은 것이 무엇이냐는 질문에 하나같이 '그냥 쉬고 싶다'고 대답한다. 말 그대로 아무것도 하지 않고 그냥 있고 싶단다. 교실에서는 학생 절반이 책상에 엎드려 있고, 나머지 절반 중에서도 멍하니 앉아 있는 경우가 대다수라고 친구인 중등교사는 푸념을 한다.

아무리 동기부여를 해 주려고 해도 이미 '무기력'에 빠진 아이들을 끌어낼 방법이 없어서 본인도 좌절감을 느낀다는 것이다. 이런 '무기력 중독'에 걸린 사람들이 점점 늘어나고 있다. 중2 뿐만 아니라 초등학생들도, 더러는 어른들까지도 점점 무기력에 빠져들고 있다. 한 번 무기력에 빠지면 헤어 나올 수 없는데 그 수렁에 빠져들기는 너무 쉽다. 무기력하니 당연히 적극적인 행위를 요구하는 책 읽기는 먼 나라 얘기일 수밖에 없다. 책을 펼칠 의지가 없는데 어떻게 손에 책을 잡을 수 있겠는가? 이런 상태에 있는 모든 사람들에게 '읽기 중독'에 빠져 있는 우리 엄마를 보내 드리고 싶다.

재미있는 게 너무 많은 세상

우리 집 한쪽 벽에는 세 식구의 꿈을 적은 드림보드가 있다. 남편의 꿈 중 하나인 '115일 세계일주 크루즈'도 간단한 상품 설명과 비용 등을 적어 붙여 놨다. 남편은 차근차근 준비해서 이 여행을 함께 가자고 했다.

"이렇게 오랫동안 배 안에서 뭐하고 지내? 지루하지 않겠어?"

"사람들 얘기 들어보니까 하나도 안 지루하대."

"여행도 며칠만 즐겁지…"

"배 안에서 공연이랑, 헬스클럽이랑 뭐든지 다 할 수 있대."

"그래도 한정된 공간 안에서 너무 길다."

"지루한 것보다 비용 마련이 더 문제지."

초록 창에 '크루즈 여행'을 검색하니 맙소사! 여행상품 광고부터 다녀온 사람들의 후기까지 수백 건의 자료가 주르륵 올라왔다. 넘치는 정보에 오히려 더 혼란스러울 정도다. 이 세상에는 재미있는 게 너무 많다. 장기적인 여행 계획부터 오늘 하루, 지금 이 순간에 누릴 수 있는 것까지. 나의 오감을 만족시켜 주고, 즉각적인 행복감을 느낄 수 있는 것들이 줄줄이 널려 있다. 그래서 그런지 먹방 프로그램도 최고 인기다. 아침에 눈 뜨는 순간부터 잠자리에 드는 순간까지 손가락만 몇 번 사용하면 만족감이 순식간에 배달된다. 정말이지 너무 편리한 세상이다.

재미 거리를 찾는 데에는 아이들이 단연 으뜸이다. 어떻게 그렇게 기발한 생각을 하는지. 게임기가 필요하다거나, 돈을 지불해야 한다는 등 일정한 조건을 갖춰야 하는 경우도 있지만 아무런 도구 없이도 재미를 만들어내는 재주는 아이들만의 특허인 것 같다. 그런 재주는 누가 가르쳐주는 것도 아닌데 어떻게 그렇게 스스로 잘 알아서 습득하는지.

'무기력증'에 빠져 모든 것이 귀찮다고 엎드려 있던 아이에게 맘대로 할 수 있는 자유와 권리를 주면 언제 그랬냐는 듯 일어나 별것 아닌 이야기를 유일무이한 것으로 만들어 서로 배꼽이 빠져라 웃는다. 그 이야기가 왜 재미있는지 나만 이해를 못한다. 분명히 한국말로 했는데 나는 무슨 말인지 이해를 못하겠으니 어느새 아이들이 사용하는 단어의 뜻이 바뀌었나 싶기도 하다. 그런 이야기를 듣는 나만 멀뚱멀뚱한 표정이다. 웃음을 주체하지 못하는 아이들을 보면서 나만 어색한 웃음을 짓는다.

"십년이면 강산도 변한다."는 속담이 무색해진 요즘, 세상의 빠른 변화 속도를 도저히 따라 갈 수 없다. 빠르게 변하는 만큼 세상 속에서 찾을 수 있는 재미 거리도 빠르게 변하고 종류도 넘쳐난다. 밖에 나가도 재미있는 것이 많고, 굳이 밖에 나가지 않아도 많다. 여러 사람이 어울려서 할 재미 거리도 많고, 혼자서 즐길 거리도 너무 많다. 현실에서 즐길 거리도 많고, 가상의 세계에서 즐길 거리도 많다. 눈을 뜨는 순간부터 잠드는 순간까지 온갖 요소들이 우리를 향해 손짓한다. 빨리 와서 자기와 함께하자고 부른다. 너의 본능에 충실하라고. 오감을 만족시켜

주는 놀이와 문화를 선택하라고. 그러다보니 점점 더 본능적으로 움직이는 것에 흥미를 느낀다.

지금 당장 즐겁고 만족스러운 것이 최우선 순위가 됐다. 맛있는 음식으로 힘들게 살고 있는 너 자신을 위로하라고 부추기며 날마다 무엇을 먹을지 선택하는 것이 즐거움이라고 자신을 세뇌시킨다. 생각하고 질문하고 꿈꾸는 것과 같은 본능을 거스르는 활동에서 점점 멀어져간다. 책 읽기처럼 의지를 동원해야 하는 활동은 더 더욱 힘에 부친다. 힘겨운 것은 피하고 쉬운 것에 익숙한 사람들이 갈수록 늘어난다. 쉽고 재미있는 것만 해도 인생이 짧은데 굳이 힘들고 어려운 일까지 해야 하나? 책 읽지 않아도 지금까지 잘 살았는데 왜 이제와서 책을 읽어야 하는지 모르겠다고 생각하는 사람도 있을 것이다. 세상을 살아가는 방법은 이 세상 인구 수만큼이나 다양하니까. 그중에 내가 살아가는 방법이 유독 잘못된 것이라고 생각할 수 없으니까.

지금까지 살아 온 나의 삶을 뒤돌아보면 재미있었던 기억보다는 힘들고 어려웠던 기억이 더 많다. 고집이 세고 융통성이 별로 없는 성격인 나는 세상이 제시하는 길에서 벗어나는 것은 엄청나게 나쁜 일이라는 가치관을 갖고 살았다. 고등학생 때, 바로 아래 여동생은 나와 정반대의 성향이라서 일명 '날라리'로 유명했다. 학교 수업시간에 교실을 빠져 나와 학교 앞 가게에서 군것질을 하거나, 자기 맘에 들지 않는 아이를 몇 대 때려 코피를 터트리기도 했다. 엄마는 바쁜 와중에도 동생이 저질러 놓은 사고 때문에 학교에 불려가서 선생님께 빌어야 하는 날이 꽤 있었다. 그런데도 동생은 자신이 무슨 큰 잘못을 저질렀다고 엄마를 불렀냐며 오히려 선생님을 욕했다. 그럴 때면 나는 그렇게 당당한 동생이 너무 미웠다. 내가 동생을 미워한 만큼 동생도 나를 싫어했다. 그래서 서로 싸우는 날이 많았다. 말로만 싸울 때도 있었지만 어떤 날에는 주먹을 날리면서 싸우기도 했다.

"나는 너만 보면 숨이 막혀!"

"시끄러워. 너나 엄마 속상하게 하지 말고 똑바로 살아."

"너 혼자 착한 척, 고민하는 척 하지 마."

"너는 엄마가 우리 때문에 고생하는 거 안 보여? 정신 차리고 살아."

"너의 우울함이 엄마를 더 힘들게 하는 거야."

"웃기고 있네."

나보다 두 살 적은 동생이 하는 말을 그때는 이해하지 못했다. 그 이후로 오랫동안 동생의 생활 방식을 이해하지 못했고 이해하려는 노력도 하지 않았다. 단지 나와 다른 방법으로 사는 것이 미울 뿐이었다.

제법 오랜 시간이 지난 뒤에 문득 '진짜 인생'을 살고 있는 사람은 내가 아니라 동생이라는 생각이 들었다. 동생은 매 순간을 행복하게 기억했다. 학창시절 본인이 저질렀던 행동들을 이야기할 때도 웃을 수 있었고 직장 상사와의 갈등 상황도 재치있게 풀어나갔다. 세상이 자신을 위해 준비해 놓은 재미 거리를 잘 찾아내며 살고 있다.

반대로 나는 지금까지 열심히 살았지만 행복하고 유쾌한 기억이 별로 없다. 지금도 성실하고 바르게 살고 있지만 재미있지는 않다. 일을 하면서 성취감도 있고 만족도도 높지만 아무 의미없이 그저 즐거운, 뒷일을 걱정하지 않고 지금 순간을 마음껏 즐거워했던 기억이 별로 없다. '당신은 사랑받기 위해 태어난 사람'이라고 아무리 얘기해도 내가 사랑받기 위해서는 이렇게 해야 한다는 조건을 늘 마음속에 새기고 살았다. 그 조건을 충족시키기 위해서 자신을 다그치고 힘겨워 하면서 살았다. 그러니 지난 삶을 돌아보았을 때 재미있던 기억보다는 힘들었던 기억이 더 많은 것이 어쩌면 당연한 것이겠지. 이런 나에게 재미있는 삶을 보여준 사람이 바로 아이들이다.

한국웃음연구소의 조사에 따르면 아이들은 하루에 평균 300회, 어른은 7회 웃는다고 한다. 똑같은 24시간을 받았고 대부분 한정된 공간 속에서 살아가는데 왜 아이들은 이렇게 많이 웃을 수 있을까?

"지우야, 너는 어떨 때 가장 즐거워?"

"몰라요."

"그런데 왜 그렇게 자주 웃어?"

"그냥요."

"그냥? 그냥 웃겨?"

원인 분석에 들어간 나는 실패했다. 처음부터 아이들이 즐거워 하는 이유를 분석하려고 했던 나의 의도가 잘못된 거지. 자신이 왜 웃는지, 어떤 경우에 재미를 느끼는지 확실한 이유를 몰라도 괜찮을까? 이론적으로 설명할 수 없어도 지금 현재에 충실하면 되는 걸까? 자신의 감정에 충실하게 반응하는 것이 바람직한 삶일까? 나 스스로 세상을 재미있게 살지 못하는데 어떻게 아이에게 재미있는 세상이라고 말할 수 있을까? 세상이 준비해 놓은 재미 거리를 찾도록 도와주어야 하는데 나도 그 방법을 모르니. 일상에서 작은 재미 거리를 찾을 수 있는 사람이 긴 호흡으로 살아가는 인생에서도 재미를 느낄 수 있을 것이다. 그렇게 재미 거리를 찾을 수 있는 사람은 재미 거리도 점점 많아 질 테고 그러면 즐거운 순간도 점점 늘어나는 것이겠지. 재미 거리를 잘 찾는 사람들에게는 책 읽기도 하나의 재미 거리일까?

몸으로 말하는 아이들

제법 늦은 시간에 버스를 탔다. 버스 안에는 고등학생으로 보이는 아이들이 많았다. 아이들은 저마다 고개를 숙이고 스마트폰을 보고 있거나 귀에 이어폰을 끼고 세상과 단절하고 있었다. 에너지가 넘쳐서 가만히 있지 못할 정도로 활기 넘쳐야 할 학생들이 몹시 지친 표정으로 기운없이 앉아 있는 것을 보니 측은한 마음이 들었다. 과연 언제쯤 아이들이 활기 넘치는 생생한 표정으로 생활할 수 있을지. 학생의 옆자리가 비어 있어서 앉았다.

잠시 후, 나는 자리에서 일어날까 말까를 고민했다. 옆 자리 남학생이 이어폰을 귀에 꽂고 한쪽 다리를 끊임없이 떨고 있었기 때문이다.

신나는 음악이라도 듣는가 싶어서 힐끔힐끔 쳐다봤지만 친구와 카카오 톡으로 대화 중인 것 같았다. 다리를 흔들 때 전해지는 떨림이 신경에 거슬렸다. 주변을 둘러보니 비단 이 아이뿐 아니라 여러 명의 아이들이 똑같이 다리를 떨고 있었다. 순간 '픽'하고 웃음이 나왔다. 요즘 아이들은 멀티인가보다. 나는 한 가지를 하고 있을 때 동시에 다른 일은 못하겠던데. 친구와 대화에 집중하든지 다리만 떨고 있든지 한 가지만 하면 될 텐데 어떻게 동시에 두 가지를 할 수 있지? 저렇게 다리를 떨면서 어떻게 하고 싶은 말을 손가락으로 정확하게 만들어낼 수 있을까?

아이들과 수업을 하다 보면 가끔 아이들의 기분이 지나치게 고조되는 경우가 있다. 아이들의 목소리는 점점 커지고 행동 반경도 넓어진다. 그 열기는 전염성이 강해서 얌전히 있는 다른 아이들에게도 금방 전달된다. 좁은 공간은 금세 에너지로 가득차고 내 고막은 떨림을 감당하지 못해 아이들의 말을 제대로 알아듣지 못한다. 그럴 때면 아이들을 진정시켜야 한다. 흥분해서 제어가 안 되는 아이들을 진정시키는 가장 빠른 방법은 바로 몸을 움직이지 못하게 하는 것이다.

조용히 하라고 내가 목소리를 높이면 아이들은 나보다 더 큰 목소리로 대답한다. 그럴 때는 차라리 침묵이 더 효과적이다. 내가 표정을 굳게 하고 침묵하고 있으면 아이들은 금세 슬금슬금 분위기를 살피기 시작한다. 어느 정도 아이들의 목소리가 작아지면 나는 아이들에게 자기 자리에 앉아서 허리를 펴고 눈을 감게 한다. 숫자를 천천히 세면서 그 속도에 맞춰 숨을 쉬라고 한다. 숨을 쉴 때마다 방금 전에 자기가 어떤 말을 했는지 기억해 보라고 한다. 10초, 20초…. 아이들에게 이 시간은 너무 길다. 자신이 무슨 말을 했는지도 잘 기억나지 않는다. 몸 여기저기가 근질근질하고 답답하다. 결국 성격 급한 아이가 먼저 말을 한다.

"선생님, 언제까지 해야 되요?"

"……"

"무슨 말 했는지 기억이 안 나요."

"……"

"눈 뜨면 안 돼요?"

"너 이미 눈 뜨고 말하고 있잖아!"

아이들은 서로 누가 먼저 눈을 떴는지 밝히느라 또다시 소란해진다.

내가 초등학생이었던 시절에는 학교가 끝나면 동네에서 아이들과 놀면서 대부분의 시간을 보냈다. 고무줄놀이도 하고, 공기도 하고, 짓궂은 남자아이들이 툭툭 건드리고 도망가면 잡으러 뛰어 다니기도 했다. 그때 남자아이들은 여자아이들이 하는 고무줄을 왜 그렇게 자주 끊었는지. 그러면 또다시 고무줄 끊은 애를 잡으러 뛰어 다녔다. 어떤 날에는 학교가 끝난 후 집에 가지도 않고 학교 운동장에 가방을 던져 놓은 채 놀기도 했다. 또는 집에 오자마자 책가방을 던져 놓고 밖에 나가서 어두워질 때까지 노느라고 시간 가는 줄 몰랐다. 그렇게 밖에서 뛰면서 놀고 들어왔으니 저녁때면 너무 피곤해서 숙제는 제쳐 놓고 잠자기에 바빴다.

아카시아 꽃이 한창이던 어느 날, 아이들 몇 명과 함께 동네에 있는 야트막한 산에 올라갔다. 아카시아 줄기를 따서 가위, 바위, 보로 아카시아 이파리를 떼어내는 시합을 하고 뼈대만 남은 아카시아 줄기로 파마를 한다고 머리카락을 칭칭 감았다. 서툰 솜씨로 서로 머리카락을 감아주고 저녁 노을이 지는 한강을 바라보던 기억이 지금도 생생하다. 얼마나 아름답고 평화롭게 느껴졌었는지. 특별한 놀이감이 없어도 날마다 친구들과 같이 뛰고 뒹굴며 노는 것이 하루의 일과였다. 그렇게 뛰어 노느라고 얼마나 피곤했던지 저녁을 먹다가 밥을 입에 문 채 잠든 적도 있었다. 비 오는 날이나 다른 이유로 밖에 나가서 놀 수 없는 날에는 방바닥에 엎드려 친구 집에 있는 세계명작전집을 빌려와 읽었다. 내 인생에서 가장 상상력이 풍부했던 시절이 그때인 것 같다. 책 속에 나오는 장면을 상상하며 빨간 머리 앤과 같은 주인공이 되 보던 그 시절이.

하지만 요즘 아이들은 밖에서 마음껏 뛰면서 놀 수 있는 기회를 갖지 못한다. 아이가 어렸을 때 '키즈카페'라는 곳을 처음 갔다. 놀이터에서 흙 만지며 놀게 하는 대신 실내에 마련된 공간에서 아이를 놀게 하는 곳이다. 조금 더 커서 유치원에 다닐 때는 밖에서 노는 것보다 태권도 학원이나 체육관 같은 곳에서 함께 놀 친구와 시간 약속을 정해 만나야 놀 수 있었다.

초등학교에 들어간 이후부터는 본격적으로 시작되는 학원 일정 때문에 친구들끼리 만날 약속시간도 잡기 힘들어졌다. 초등학교 고학년인 지금은 아이가 밖에서 놀고 싶어 나가면 함께 놀 친구는 없다. 어린 아이들만 놀이터를 채우고 있다. 가끔 또래친구들이 있기는 한데 밖에 나와 있는 아이들은 저마다 손에 핸드폰을 들고 모여 앉아 각자 게임을 한다. 같은 공간에 있지만 함께 어울리지 않는 새로운 놀이문화다.

특히 청소년기에는 직접 눈으로 보고 몸으로 겪어 봐야 뇌에 있는 수많은 시냅스들을 서로 연결시켜 다면적 사고를 할 수 있게 된다는 연구 결과가 있다. 그런데 요즘 아이들은 몸으로 겪어 볼 수 있는 기회가 없으니 어떻게 생각하는 힘을 키울 수 있을까? 넘치는 에너지를 충분히 발산하지 못해 생기는 여러 부작용에 대한 이야기도 많이 들었다. 그런 부작용을 예방하기 위해 아이들이 마음껏 뛰어 놀게 해 주고 싶어도 환경이 만들어지지 않는다.

아침부터 늦은 저녁까지 끊임없이 해야 하는 공부, 공부. 공부. 몸은 움직이지 않고 머리만 움직여서 기형적으로 커진 머리를 몸이 떠받치고 있다. 균형이 맞지 않아 자주 비틀거리고 여기저기 부딪친다. 친구들과 관계를 맺을 때도 머리로 먼저 계산하고 시작한다. 나에게 맞는 친구인지, 나에게 도움이 되는 친구인지, 내가 더 강한 사람인지, 이 관계를 꼭 맺어야 하는지 등. 몸을 움직이지 않아서 체격은 커졌지만 체력이나 면역력이 약해졌을 뿐만 아니라 몸을 움직이지 않아 뇌의 전두엽이 리모델링되지 않는 것이 더 큰 문제라고 생각한다.

'청소년들의 아버지'로 불리는 이탈리아의 성인 요한 보스코는 "아이들이 성장할 수 있는 가장 좋은 방법은 놀이입니다. 아이들에게 꼭 놀이 시간을 주십시오. 놀이를 통해 자신을 발견할 수 있습니다."라고 말했다. 이탈리아의 산업화 시기에는 농촌에서 도시로 일자리를 찾아 떠나온 사람들이 넘쳐났다. 아이들도 5~6세가 되면 굴뚝 청소를 시작하고 공장에서도 작은 손으로 기계에서 나오는 물건을 받아내는 일을 했다. 날마다 사고로 다치거나 버려진 아이들이 생겼다. 그때 요한 보스코는 그런 아이들을 돌보기 위해서 '오라토리움'이라는 기숙공동체를 만들었다. 그곳에서 아이들을 보호하면서 교육시켰다. 그때 가장 중요하게 생각하고 실천했던 것이 바로 '놀이를 통한 교육'이었다. 그의 정신을 이어받아 수도회가 세워졌고, 지금까지 세계 여러 나라에서 청소년 교육 사업을 하고 있다. '울지 마 톤즈'로 잘 알려진 故 이태석 신부도 바로 돈 보스코의 살레시오 수도회 소속이다. 우리나라에서도 '돈 보스코 직업학교'와 '학교 밖 청소년 공동체'를 운영하고 있다.

버스 안에서 다리를 떨고 있던 학생이나 수업시간에 엉덩이를 의자에 붙이고 앉아 있지 못하는 아이들은 지금 간절히 몸의 자유를 원한다는 표시가 아닐까? 몸으로 간절하게 자신이 하고 싶은 것이 무엇인지에 대한 메시지를 보내는 것은 아닐까? 책 읽으라고, 생각의 폭을 넓히라고 요구하기 전에 몸을 움직이면서 실컷 뛰어 놀게 해 주어야 하지 않을까?

내가 만난 아이들 1

지금 초등학교 6학년인 승민이를 처음 만난 건 아들이 유치원에 다닐 때였다. 아들이 6세에 들어간 유치원의 같은 반 친구였다. 또래 중에 키가 가장 작고 까무잡잡한 피부인 승민이는 수줍음을 많이 타는지 말도 별로 없고 친구들끼리 함께 노는 시간을 마련해 주어도 잘 어울리지 않았다. 승민이는 여러 친구와 함께 어울리는 건 별로 좋아하지 않았지만 특별히 한 친구와는 매우 친하게 지냈다. 유치원에 등·하원할 때도 함께하고 유치원이 끝난 후 다른 일정도 모두 함께하는 등 거의 가족처럼 함께 다녔다.

승민이가 그 친구와 떨어지는 걸 불안해 해서 모든 일정을 같이한다는 승민이 엄마의 말을 들으면서 조금 걱정이 되기도 하고 안타까운 마음이 들기도 했다. 한번은 아이가 밖에서 노는 건 별로 좋아하지 않고 주로 집에서 책을 읽거나 레고조립같은 정적인 놀이만 해서 걱정이라며 승민이 엄마가 하소연했다. 6세인 아이가 책을 읽는다는 말에 깜짝 놀랐다. 같은 나이인 내 아들은 아직 자기 이름도 쓸 줄 모르는데. '내가 너무 아이를 방치하는 건가'하는 생각을 잠깐 했지만 '아이는 최대한 밖에서 많이 놀아야 한다'라는 나의 신념을 굳게 지켰다. 그래서 우리 아이는 여전히 유치원과 놀이터를 오가며 유아기를 보냈다. 승민이와 그렇게 유치원 등·하원 길에 잠깐씩 만나면서 시간이 흘렀다.

아이가 초등학교 2학년이 되었을 때 승민이와 다른 친구들이 한 팀이 되어서 나와 수업을 하게 되었다. 오랜만에 만난 승민이는 유치원 때보다 더 예민해져 있었다. 그때 그렇게 친했던 친구와는 말도 하지 않는 사이가 되었다는 사실도 전해 들었다. 승민이는 평소에 말은 별로 안 했지만 한 번씩 사용하는 어휘는 나를 깜짝 놀라게 할 만큼 폭력적이었다.

그런데 승민이의 독서력은 정말 굉장했다. 같은 또래친구들이 읽는 책은 거의 다 읽었고 그보다 수준 높은 책들도 많이 읽었다. 책을 많이 읽은 덕분인지 때로는 나에게 문법에 관한 질문도 하고 상식도 풍부했다. 이해력도 빨라서 설명을 해 주면 금방 알아들었다. 그런데 같이 수업을 받는 친구들과 관계 맺는 것을 힘들어 했다. 친구가 자기 말을 잘 못 알아 들으면 친구를 무시하고 경멸하는 말을 서슴지 않았다. 반대로 친구가 승민이에게 뭐라고 한 마디만 하면 승민이는 불같이 화를 냈다. 굉장히 똑똑하고 이해력이 좋은 아이가 왜 그러는지 참 이상했다.

승민이는 불안감이 특히 높았다. 수업 중에 사건·사고에 대해 다루는 날이면 아이는 몇 날 며칠씩 잠을 못잘 정도라고 했다. 한번은 햄버거를 먹은 아이가 용혈성 요독증후군이라는 병에 걸렸다는 기사에 대해 공부한 적이 있다. 그때 승민이는 자기도 며칠 전에 그것과 똑같은 햄버거를 먹었는데 자기도 그 병에 걸리면 어떻게 하냐면서 눈물을 글썽거리고 안절부절 못했다. 내가 아무리 예외적인 경우라고, 개인 위생 관리를 철저히 하면 괜찮다고 얘기해도 소용이 없었다.

결국 그날 나는 승민이에게 '네가 먹은 햄버거는 안전하다'라는 글을 써 줬다. 승민이가 왜 그렇게 불안 증세를 보이는지 이유는 알 수 없지만 그런 승민이 때문에 함께 수업하는 친구들은 힘들어했다. 조금만 화가 나면 친구의 가장 약한 부분을 거침없이 찔러대는 승민이 때문에 우는 친구도 있었다. 어쩌다 승민이가 수업에 빠지는 날은 평온한 분위기에서 수업을 할 수 있었다.

"승민아, 선생님이 보기에 승민이는 정말 똑똑해."

"저 공부 잘해요."

"당연하지. 그런데 사람은 공부보다 더 중요한 게 성격이야."

"공부 잘해야지 나중에 돈 많이 벌 수 있죠!"

"공부 잘하는 사람보다 성격 좋은 사람이 돈 더 많이 벌어."

"에이, 거짓말!!"

"승민이는 책 잘 읽으니까 이 책 읽어봐. 그리고 다음 주에 올 때 주인공이 어떤 성격인지 잘 생각해 보고 와."

"그럼 어떻게 할 건데요?"

"그건 그때 가서 말해줄게."

수시로 승민이에게 도움이 될 만한 책을 빌려주고 이야기를 나눴다. '타고난 성격과 교육을 통한 후천적인 환경의 영향 중 어느 것이 더 큰 영향을 미치느냐?'는 질문에 나는 둘 다 같은 비중으로 영향을 끼친다고 생각한다. 승민이가 책을 읽어 알게 된 지식이 단순히 지식으로 남지 않고 삶에 영향을 끼쳐 무엇보다 자기 자신을 사랑하고 즐겁게 생활할 수 있게 되기를 바라는 마음에 열심히 도와줬다. 그런 나의 노력에 비해 안타깝게도 승민이의 변화는 너무도 미미하고 더뎠다. 선천적인 성격이 쉽게 변하지는 않으니까. 게다가 조금 일찍 시작된 사춘기가 아이를 더 변화무쌍하게 만들었다. 승민이 스스로도 '자기가 왜 그러는지 모르겠다'고 말 할 정도였으니.

하루는 승민이가 수업 시간에 흐름을 너무 끊고, 친구를 자극해서 도저히 수업을 진행할 수 없어 아이에게 '벽보고 서 있으라'는 벌을 주기도 했다. 하지만 잠시 조용할 뿐 벽보고 서 있는 상태에서도 아이들 말에 끼어들고 욕을 했다. 그 날은 나도 참을 수 없을 만큼 화가 났다. 승민이는 나와 수업하는 시간에만 친구들과 부딪히는 것이 아니라 수업이 끝난 후 밖에 나가서 함께 있었던 아이들과 싸움도 했다. 승민이와 같은 팀에는 인정받고 싶은 욕구가 강한 아이도 한 명 있었는데 특히 그 둘은 만나기만 하면 다퉜다. 둘 다 승부욕이 강하니까 부딪칠 수밖에 없었다.

도저히 안 되겠다 싶어 승민이를 다른 팀으로 바꿨다. 나는 팀별로 수업을 진행하기 때문에 같은 학년이라도 팀에 따라서 분위기가 서로 다르다. 새로 들어간 팀에 있는 친구들은 대부분 성격이 온순하고 친구에 대한 배려심이 있고 승민이 보다 책을 많이 읽은 아이들이었다. 처음에 승민이는 자기보다 책을 더 많이 읽은 아이가 있다는 사실에 놀랐다. 자기가 가장 대단한 사람이 아니라는 것을 머리로는 이해하고 있었지만 막상 현실에서 만나니 조금은 자존심이 상한 것 같았다. 처음에는 자신의 자존심이 상했다는 것을 감추려고 새로운 친구들에게 허세를 떨기도 했지만 친구들은 그런 승민이의 태도에 별로 관심이 없었다. '손뼉도 마주쳐야 소리가 난다'는 속담처럼 승민이가 새로 만난 친구들에게 시비를 걸어도 아이들이 반응하지 않으니 승민이의 일탈 행동이 힘을 잃어가는 듯 보였다.

한 달, 두 달, 이 아이들과 함께 수업을 받으면서 승민이는 조금씩 변하기 시작했다. 입에 달고 살았던 욕을 사용하는 횟수도 점점 줄어들었다. 불끈 화가 나서 욕을 하다가도 친구들의 반응이 점잖으니까 승민이도 스스로 조심하게 되었다. 토론할 때도 자신의 주장만을 고집하지 않고 친구의 이야기를 듣는 시간이 조금씩 늘어갔다. 가장 큰 변화는 승민이가 자주 웃게 되었다는 것이다. 예전에는 항상 화난 사람처럼 보였다. 얼굴은 벌겋게 달아오르고 상대방 행동에 조급하게 대응하곤 했었는데 웃는 횟수가 늘어나면서 생활 태도도 느슨해졌다. 지나치게 서두르거나 조급해 하지 않고 조금 느긋한 마음으로 생활하게 되었다. 여유를 가지고 친구를 바라보니 친구에게 관심을 갖게 되고 그 친구에게 필요한 것이 무엇인지도 알아보는 눈이 생겼다. 그러면서 사용하는 단어도 많이 부드러워졌다.

어느 날 승민이가 내게 책 한 권을 내밀었다. 제목이 《말투가 인성이다》였다. 왜 이 책을 나에게 주는지 눈짓으로 물었다. 쑥스러워 하면서 말했다.

"제가 읽고 요즘 실천하려고 노력하는 책이에요."

"와~ 대단한데!"

"선생님이 읽고 중요한 부분에 줄 좀 쳐 주세요."

"왜?"

"제가 고칠 점이 뭔지 선생님이 잘 아시잖아요."

"알았어. 다음 주까지 읽고 줄게."

아이가 언제 이렇게 성장했는지. 독서가 사람을 키우는 확실한 방법이라는 것이 입증되었다. 승민이 스스로 자신이 변화된 데에는 독서가 큰 영향을 끼쳤다고 생각하고 있다. 혼자 하는 독서도 좋지만 친구들과 함께하는 독서가 더 좋은 방법이라고. 다른 수업은 몰라도 절대 친구들과 책 읽고 이야기 나누는 이 수업을 빠질 수 없다고 한다.

요즘에는 승민이와 함께 수업하는 시간이 즐겁다. 아직 울퉁불퉁한 성격이 나오기도 하지만, 얼른 자신의 잘못을 인정하는 모습을 보면서 어른이라는 이유로 편견과 고정 관념에서 벗어나지 못하고 있는 나 자신이 부끄러워진다. 독서가 단순히 지식을 쌓기 위한 도구로서가 아니라 삶을 변화시키는 도구로 쓰여야 하는데 그렇지 못했던 나 자신이.

승민이처럼 독서를 통해 변화되는 아이들이 많이 생겼으면 좋겠다. 조금 천천히 변화되더라도 손에서 책을 놓지 않고 자신의 참모습을 찾아가는 아이들이 늘어나면 좋겠다.

4차 산업혁명 시대를 살아가는 아이들이 독서를 통해 차별화된 자신만의 색깔을 갖게 되길 소망한다. 독서를 통해 찾은 나만의 색깔은 무엇일까?

2
위험한 미래

국제적인 조사기관의 자료를 보면 우리나라는 대부분 안 좋은 것은 1등, 바람직한 항목은 꼴등을 맡아 놓고 있다. 예를 들면 교통사고 사망률은 1등, 안전재해 발생률도 1등, 반면에 청소년들의 행복지수는 꼴등, 국민들의 평균 독서량도 꼴등. 물론 세부적으로 살펴보면 우리나라가 그렇게 희망 없고 부족한 나라는 아니지만 대체적으로 볼 때 그렇다는 것이다. 국민들도 우리나라에 대해 긍정적이기보다는 부정적인 시각을 갖고 있는 사람이 많아서 나라를 사랑하는 애국심이나 자부심이 잘 나타나지 않는 경우가 많다.

특히 외국에서 살고 있는 대한민국 국민들은 서로 도와주면서 상생하려는 노력보다 서로를 짓누르고 자신만 우뚝 서고 싶은 마음이 강해서 결국 둘 다 제대로 성공하지 못하는 경우가 많다는 말도 많이 듣는다. 나라 안팎에서 어떤 사건이 일어나면 국민들은 대부분 "이래서 우리나라는 아직 선진국이 되려면 한참 걸려야 한다니까!"라며 싸잡아서 대한민국을 얕잡아 보고 낮게 평가한다.

그럼 대한민국은 정말 희망이 없는 나라일까? 절대 그렇지 않다.

미국의 골드만삭스는 2050년에 세계 2위를 차지할 나라가 '대한민국'이라고 내다보고 있다. 무한한 잠재성과 도전 정신을 갖고 있고 지금까지 이뤄낸 성과를 볼 때 대한민국의 미래는 밝다고 평가했다. 수많은 후발 개발도상국들이 우리나라의 놀라운 성장을 보고 감탄하며 자기 나라도 그런 성공을 이루고 싶어 그 비결을 배우러 오고 있다.

예술 영역에서는 이미 한류 열풍으로 전세계가 한국의 문화를 예찬하고 있다. 그러니 2050년에 대한민국이 세계 2위를 차지할 것이라는 예측이 터무니없는 말은 아닐 것이다. 골드만삭스는 대한민국이 그런 미래를 그리기 위해 필요한 요소로 '창의성'을 꼽았다. 고유한 문화를 바탕으로 창의성을 발전시킨다면 충분히 가능성이 있다고 분석한 것이다.

이렇게 기대를 잔뜩 품고 있는 미래를 만들어갈 주인공들이 바로 현재 우리 아이들이다. 지금 우리 아이들이 어떻게 생각하고 행동하는가에 따라 자신의 미래가, 나아가 우리나라의 미래가 달라질 수 있다는 것이다.

문제 해결 능력이 없다면

아이가 초등 3학년이었던 2016년 여름에 우연히 산촌 유학에 관한 공문을 보았다. 내용은 전남 강진에 있는 한 초등학교가 학생 부족으로 폐교 위기에 처한 학교를 살리기 위해 도시 학생을 받아들이는 '산촌유학'을 진행한다는 것이었다. 전교생이 27명뿐인 학교에 새로 부임한 교장선생님이 학교를 살리기 위한 방법으로 진행한 프로그램이 산촌유학이었다. 평소 아이를 자유롭게 키우고 싶어 대안학교에 관심이 많았던 나는 이것저것 알아보고 답사도 다녀왔다.

산촌유학을 선택할 경우 가장 먼저 해결해야 할 일이 거주지 문제인데, 다행히 시골에 있는 빈집을 무상으로 빌려 준다고 해서 거주 문제는 일단 해결했다. 비어 있는 여러 채의 집들 중에서 오랫동안 빈 집이었기에 상태는 엉망이었지만 그래도 화장실이 집 안에 있다는 이유로 한 집을 선택했다.

경기 북부인 일산에서 전남 강진까지 약 5시간을 달려 도착한 학교는 전형적인 시골 학교였다. 산으로 둘러싸인 마을은 내가 지금까지 보았던 시골 중에서 가장 시골다운 환경이었다. 겨울에 눈이 많이 올 때는 길이 얼어붙는데다 산 그림자 때문에 눈이 녹지 않아 마을 밖으로 나갈 수 없다고 했다. PC방, 노래방, 옷가게, 빵집 같은 것은 하나도 없었다. 마을에 식당 1곳, 슈퍼도 농협 한 쪽에 몇 가지 물건을 갖다 놓은 것이 전부인데다 오후 5시면 문을 닫았다, 목욕탕도 없었다. 인터넷도 한 통신사만 연결이 가능했다. 내가 사용하던 통신사는 연결이 안 됐다. 소풍 가는 날 도시락을 싸야 하는데 베이컨이 없어서 30분 거리에 있는 읍내의 슈퍼에 가서 사와야 했다.

나와 아들은 비어 있는 집에서 시골 생활을 시작했다. 승용차에 코펠과 버너, 간단한 이부자리와 옷, 아이가 쓸 교과서를 싣고 갔기에 모든 것이 부족했다. 냉장고도 없고, 텔레비전도 없고, 라디오도 없었다. 아이와 의논한 후 동의를 얻어 굳은 마음으로 시작한 시골 생활이었지만 너무나 낯설고 불편한 환경 때문에 아이는 적응하지 못하고 집으로 다시 돌아가자고 며칠 동안 울며 졸라댔다.

하지만 단 며칠만에 포기하고 돌아 갈 수는 없었다. 아들과 내가 이곳에 온 목적 중 하나인 '낯선 곳에 도전하기'를 이렇게 쉽게 포기한다는 건 내 자존심이 허락하지 않았다. 동시에 여기서 쉽게 포기하면 아이가 다른 어려움에 직면했을 때 쉽게 포기할 수 있다고 생각하게 될지도 모른다는 노파심도 있었다. 그래서 아이를 달래기도 하고 협박하기도 하면서 며칠을 보내니 아이도 서서히 마음을 돌렸다. 도시에서 늘접했던 것들을 모두 걷어내고 나니 시간이 너무 많이 생겼다. 아이는 넘쳐나는 시간을 어떻게 보내야 할지 막막해 했다. 같이 놀 친구도 없고, 가지고 놀 장난감도 없고, 특히 게임기같은 전자기기도 없으니 아이는 자신이 사막에 버려진 기분이 든다고 했다.

밤에 잠을 자려고 누우면 천장에서는 쥐들이 운동회를 열었다. 시골집의 천장은 왜 그리도 낮은지. 천장에서 뛰어다니던 쥐가 우리가 누워 있는 곳으로 떨어지는 건 아닌지 마음을 졸여야 했다. 아이 앞에서 겉으로는 괜찮은 척, 대범한 척 했지만 쥐와 대면하게 될까봐 두려운 마음이 점점 강해지면 자리에서 일어나 빗자루로 천장을 한 번씩 두드렸다. 쥐들에게 우리가 여기 있다는 사실을 알리기 위해서. 그렇게 잠들기 전까지 쥐와 신경전을 벌이는 날이 늘어나면서 아이와 함께 이 문제를 어떻게 해결해야 할지에 대해 여러 가지 대책을 세웠다.

"엄마, 쥐가 무서워하는 게 고양이잖아."

"응"

"고양이가 가끔씩 여기 오니까 우리가 그 고양이를 이용하자."

"어떻게?"

"고양이한테 밥을 줘서 길들인 다음에 쥐를 잡게 하는 거지."

"우와, 좋은 생각인데"

그 전까지는 고양이가 문 앞에 나타나면 쫓아내기만 했는데, 그 날부터 고양이가 먹을 수 있도록 플라스틱 통에 밥을 담아서 문 앞에 놓았다. 처음에 경계의 눈빛을 보내던 고양이가 밥을 먹기 시작하더니 점차 그 숫자가 늘어났다. 자세히 살펴보니 고양이들이 밥을 먹을 때도 위계 질서가 있었다. 관심을 갖고 눈여겨 보니 정말 재미있었다. 며칠이 지난 후에는 새끼고양이까지 등장했고, 우리를 봐도 도망가지 않았다. 고양이들이 집 주위를 서성대는 시간이 길어질수록 쥐들의 운동회는 점점 줄어들었다.

하루는 학교 끝난 후 아이와 드넓게 펼쳐진 논둑길을 걸어서 집으로 돌아오니 문 앞에 죽은 쥐가 놓여 있었다. 맙소사!!! 너무 놀라서 소리 지르고 도망가는 나와는 달리 아이는 대담하게 가까이 가서 죽은 것을 확인하고는 빗자루와 삽을 가지고 와서 흙을 파고 죽은 쥐를 묻었다. 그때 아이의 모습은 마치 개선장군처럼 당당하고 자신감이 넘쳤다. 자기가 엄마를 보호했으니 얼마나 뿌듯했겠는가.

"아휴~ 고양이는 왜 쥐를 잡아다 놓은 거야?"

"엄마, 은혜 갚은 호랑이처럼 고양이도 우리한테 은혜 갚으려고 한 거 아닐까?"

"아무리 그래도 나는 그런 은혜 갚음은 싫다!"

"우리가 밥 주니까 고맙다고 한 거잖아."

"그렇게 고마운 마음이면 안 보이는 곳에다 놔야지…"

"이제 보니까 엄마 완전 겁쟁이네."

쥐 사건 말고도 시골 생활 중에 예상치 못한 일들이 자주 발생했다. 지붕에서 떨어지는 빗방울이 수도 양수기에 들어가 감전이 되면서 물이 끊기기도 하고, 실내와 바깥의 온도차 때문에 생긴 곰팡이가 점점 심해져서 방 안쪽 벽의 절반을 뒤덮기도 했다. 도시에서 태어나서 자란 나와 아이에게 낯선 곳에서 만나는 문제들은 전혀 예측 불가능할 때가 많았다. 시간이 많이 흐른 지금도 그때의 기억이 생생하게 떠오르는 이유는 아마도 '이런 상황을 스스로 해결할 수 있는 방법을 찾고 행동했던 자율성 덕분이지 않을까?'라고 생각한다. 하지만 안타깝게도 대부분의 아이들에게는 이런 문제 상황이 생겼을 때 그것을 해결할 수 있도록 연습해 볼 수 있는 기회가 별로 없다는 것이다. 그렇다고 모든 아이들을 강제적으로 낯선 환경으로 보낼 수도 없고.

요즘 아이들은 잘 짜놓은 시간표에 따라 움직인다. 집에서도 학교에서도 학원에서도 갑작스러운 변화를 허용하지 않는다. 똑같은 일정, 똑같은 장소, 똑같은 사람 속에서 다람쥐 쳇바퀴 돌리듯이 날마다 같은 삶을 산다. 새로운 체험을 시킨다고 여러 행사에 참여시키지만 그 역시도 미리 짜놓은 각본대로 움직이는 시스템이다. 어른들이 이미 만들어 놓은 틀 속에서 벗어나면 안 된다. 그 틀에 잘 맞춰지는 아이는 정상이고, 그 틀에서 벗어나는 아이는 비정상이라고 분류한다. 반듯한 모양으로 자라면 모범생이고, 울퉁불퉁한 모양으로 자라면 문제아다.

가르치는 입장에서도 선생님 말 잘 듣고 시키는 대로 하는 학생은 편하고, 강하게 자신의 의견을 주장하고 선생님 말에 반대하면 골칫덩이라고 고개를 흔든다. 그러면서 말로는 아이들에게 창의성이 중요하니 마음껏 상상하고 새로운 방법을 찾아보라고 한다. 어른들이 만들어 놓은 틀에 얽매이지 말고 너희들의 색깔을 찾으라고 한다. 얼마나 모순된 세상인가? 얼마나 앞뒤가 다른 어른들의 모습인가? 이렇게 아이들에게 혼란을 주는데 어떻게 아이들이 마음대로 상상하고 도전할 수 있을까? 이런 기회를 갖지 못한 아이들이 예상하지 못한 상황에 부딪쳤을 때 과연 제대로 그 문제를 해결할 수 있을까? 갈수록 엄청나게 빠른 속도로 변하는 세상에서 아이들은 얼마나 많은 문제에 부딪치게 될 것인가?

나와 아이가 도시와 시골이라는 물리적인 환경의 변화로 겪었던 일보다 앞으로는 훨씬 더 복잡하고 다양한 상황을 살아가게 될 텐데. 다가오는 미래에는 물리적 환경뿐만 아니라 기술적·정신적·공간적 환경도 엄청나게 빨리 변하게 될 텐데. 그렇게 변화하는 상황에서 문제 해결 능력을 갖추지 못한다면 아이들은 얼마나 어렵고 힘들게 살 게 될지 예측할 수 있지 않겠는가.

문제 해결 능력은 결코 학원에서 이론적으로 배울 수 있는 것이 아니다. 물론 이론이 뒷받침되어야 하는 부분도 어느 정도는 인정하지만 체험이 더 중요하다. 안전하게 짜놓은 일정에 따라서 하는 체험이 아니라 정말 스스로의 힘으로 해결하는 경험을 할 수 있는 기회가 필요하다. 모든 상황을 미리 체험해 볼 수는 없지만 그런 경험이 쌓이면서 자신의 내면에 있는 능력을 깨우고 자존감도 높아질 것이다. 그러면 예측하지 못했던 상황이 생겼을 때 당황하지 않고 도전할 수 있는 마음의 근력이 힘을 발휘하게 될 것이다. 더불어 나 혼자서가 아니라 함께하는 공동체의 힘이 얼마나 중요한지를 경험으로 깨닫게 된다면 공동체 의식에 대해 목소리를 높이지 않아도 된다.

2050년에 한국이 세계 2위가 되리라는 예상이 진짜 현실이 될 수 있도록 아이들에게 문제 해결 능력을 키워줘야 한다.

고난과 시련은 어떻게 극복할 것인가?

☺ 지금까지 살아오면서 가장 힘들었던 때는 언제인가?

☺ 어떤 일 때문에 힘 들었는가?

☺ 그 시련은 어느 정도 지속되었는가?

이런 종류의 질문을 들으면 머릿속에 여러 가지 사건이 떠오른다.

육체적으로 힘들었던 때도 있었고, 정신적으로 힘들었던 때도 있었고, 두 가지가 동시에 있었던 때도 여러 번 있었다. '모든 것은 지나간다. 이 또한 지나가리라'는 성서의 말씀처럼 그당시에는 너무 힘들고 아파서 죽을 것 같았어도 지나간 후에 뒤돌아보면 견딜만 했고, 결코 죽지도 않았고, '그 시련을 통해 내가 많이 성장했구나'라고 평가하게 된다. 고통과 어려움없이 살 수 있으면 좋겠지만 우리 인생이 그렇게 만만하지 않으니 '오늘도 무사히'와 같은 날은 별로 없다.

그럼에도 불구하고 고통스러운 일을 겪을 때는 마음이 조급해지고 주변을 둘러 볼 여유가 없기에 그 시간이 너무 길고 지루하게 느껴진다. 그래서 고통 중에 있을 때는 그냥 성장하지 않아도 좋으니, 차후에 더 좋은 일이 안 생겨도 좋으니 그만 고통을 끝내고 싶다는 생각을 하곤 한다. 주변에서 내 고통에 의미를 부여하는 충고를 할 때면 이론은 합당하다 할지라도 감정적으로 거부하고 화를 내기도 한다. 그런데 내가 반대 입장이 되면 나 역시 이러쿵저러쿵 충고를 하고 있는 경우가 많으니 '개구리 올챙이 적 생각 못한다'는 속담처럼 자신이 고통을 겪을 때 생각했던 것들은 까맣게 잊고 상대방을 위로한다는 명분으로 오지랖을 떨게 되는 참으로 나약한 인간의 모습을 여실히 보여주고 있다.

나는 36세라는 다소 늦은 나이에 나보다 2살 많은 남편과 결혼했다. 결혼은 전생에 몇 억겁의 인연이 있어야 이루어진다고 하는데, 우리 부부는 그 인연이 좀 늦게 이루어진 셈이다. 둘 다 늦은 나이에 결혼한 우리 부부는 아이를 빨리 갖기 원했다. 집에는 주변에서 지인들이 마련해준 아기용품이 가득했다. 시댁 어른들은 건강하고 똑똑하게 자란 아이가 쓰던 물건을 집에 두면 아기가 빨리 생기고 건강하게 자란다면서 주변에서 그런 물건을 수없이 많이 얻어 오셨다.

하지만 결혼했다고 해서 아이가 당연하게 생기는 게 아니었다. 첫 한 해 동안은 우리 부부에게도 아이가 찾아오길 기대하며 보냈다. 하지만 한 해, 두 해가 지나도록 아이는 생기지 않았다. 시간이 흐를수록 우리 부부의 마음은 조급해졌다.

대부분의 친구들은 자기 아이들이 이미 초등학교 고학년이거나 중학생이어서 사춘기 때문에 힘들다는 푸념을 나에게 했다. 그런 푸념을 들을 때면 가진 자의 여유처럼 느껴져서 속이 상했다. 반대로 나와 이야기할 때는 내가 상처받을까봐 아이에 대한 이야기를 애써 피한다. 그런데 나 때문에 대화의 주제가 제한되는 것 또한 내 마음이 불편했다. 내 마음이 불편하니 친구들이 어떤 행동을 해도 곧이곧대로 해석되지 않고 삐딱하게 해석되어 서운한 마음이 생겼었다. 집에 쌓여 있는 아기용품도 모두 구질구질하게 보였다. 아기용품이 집에 먼저 들어와서 아기가 안 생기는 것이라는 속설에 귀가 솔깃해지기도 했다.

첫째아이의 첫돌 잔치에 참석한 지가 엊그제 같은데 벌써 둘째아이 첫돌이라는 초대를 사촌동생들에게서 받으면 마음이 허전했다. 그러면서 첫째아이 돌잔치에 참석했으면 됐지 군이 둘째아이 돌잔치에까지 초대장을 보내야 하냐는 말도 안 되는 원망까지 했다. 아이가 없는 것이 나쁜 일도 아니고 잘못도 아닌데도 불구하고 괜히 위축되고 돌잔치는 가기 싫은 행사 1위가 되었다.

왜 나에게 이런 시련을 주시는지 이해할 수 없었고 그 속에서 의미를 찾는다는 것은 불가능했다. 점점 사람들과 함께하는 것이 불편해졌다. 친척들도 내가 있을 때는 '아이'와 관련된 이야기는 되도록 피하려고 하다 보니 대화가 자연스럽게 이어지지 않았고 중간중간 어색함이 느껴졌다. 내 상황을 모르는 모임에 참석해도 자연스럽게 자녀 이야기가 나왔고, 그러면 나는 그순간부터 그 모임에 집중할 수 없었다.

그러다 보니 내 인간 관계의 폭은 서서히 줄어들었다. 결혼해서 가정을 꾸렸는데 단지 아이가 없다는 이유 하나만으로도 내 삶의 많은 부분이 달라졌다. 딱히 누가 나에게 뭐라고 하거나 손가락질한 것이 아닌데도 나 스스로 성을 쌓고 단절시키고 있었던 것이다. 그 시기에는 책을 읽어도 '육아'라는 말이 들어간 책은 제목만 보고도 멀리했다. 처음에는 아이를 잘 키워야겠다는 다짐으로 서점에 가서 《출산에서 육아까지》처럼 육아와 관련된 책만 사서 이론적인 준비를 열심히 했었는데….

　대부분의 시련은 나처럼 예상하지 못한 형태로 다가온다. 예상 가능한 시련이었다면 미리 준비할 수 있고, 내 힘으로나 다른 사람들의 힘을 빌려서라도 해결할 방법을 찾을 수 있으니 고난으로 받아들여지지 않았을 것이다. 안타깝게도 우리는 여러 가지 형태로 다가오는 고난과 시련을 미리 준비할 방법이 없다. 준비하지 못했기 때문에 당황하게 되고 아프고 힘들다. 어떻게든 그 시간을 견디는 것만이 우리가 할 수 있는 최선의 선택이다. 그 시간을 견디기 위해 어떤 사람은 울고, 어떤 사람은 화를 내고, 어떤 사람은 먹고, 또 어떤 사람은 끊임없이 사람을 만난다.

　'과연 어떤 방법이 가장 좋은 방법일까?' 그에 대한 해답은 자기 자신만이 찾을 수 있다. 내가 어떤 사람인지 자기 자신을 제대로 알고 인정해야만 해답을 찾을 수 있다. 자기 자신이 어떤 사람인지, 어떤 성향인지, 어떤 행동을 할 때 스트레스가 쌓이거나 풀리는지를 알 때, 그에 알맞은 방법을 선택할 수 있을 것이다. 고통스러운 상황일 때 사람을 만나는 것이 힘든 성향인 사람이 고통에 대한 조언을 구하기 위한 만남의 시간을 자꾸 마련한다면 심리적인 압박감은 더 심해진다. 반대로 사람과의 교류를 즐기는 성향인 사람이 어려움을 겪고 있을 때 사람들과 담을 쌓고 혼자 고민한다면 더더욱 자신만의 늪에 빠져들게 된다.

　그래서 자신이 어떤 사람인지를 아는 것이 매우 중요하다. 자신을 알아가는 과정 또한 힘겨운 일이기는 하지만. 나는 육체적으로 힘들 때는 무조건 잠을 잔다. 밥 먹는 것도 미루고, 해야 할 일도 미룬 채 한숨 푹 자고 나면 웬만한 육체적인 피로는 한번에 해결된다. 정신적으로 힘들 때는 편지를 쓴다. 오랫동안 소식을 잊고 지냈던 친구·지인들에게 수십 통의 편지를 쓴다. 특별한 이야기는 없어도 그냥 안부를 묻고 소소한 일상에 대한 이야기를 글로 쓰다보면 내 마음이 편안해지면서 어려운 일을 견디고 이겨낼 힘이 생긴다.

지금이야 전화나 메신저로 쉽게 소식을 전하지만 내가 20~30대 때는 편지로 소식을 전하는 경우가 많았다. 내 책상서랍에는 묶음으로 사다 놓은 우표가 들어 있었다. 어느 날 곁에서 나를 지켜보던 친구가 말했다. "너 요즘 무슨 힘든 일 있구나. 편지 엄청 쓰는 거 보니까."

요즘 아이들은 자신의 참모습을 찾기 위한 과정을 일찍부터 접한다. 초등학교 6학년인 아들이 하루는 학교에서 실시한 '기질테스트' 결과지를 가지고 왔다. 자신이 생각했던 대로 나온 부분도 있었고 전혀 생각하지 않던 대로 나온 부분도 있었다. 그것을 가지고 아이와 이야기를 나누고 아이의 제안으로 나도 테스트를 받았다. 나도 아이와 같은 기질로 나왔다.

"우와~ 엄마랑 나랑 똑같은 기질이라서 잘 맞는 거였구나!"

"그러네. 이 기질의 대표적인 특성이 뭐야?"

"목표 지향적이고 역동적이고 활동적 이래."

"그래서 우리가 에너지가 넘치나보다. 이런 사람들은 어려움이 생겼을 때 어떻게 행동할까?"

"뭘 어떻게 해? 그냥 극복하면 되는 거지."

"그냥 극복해?"

"엄마, 모든 어려움은 다 지나가게 되어 있어."

초등학생도 알고 있는 사실을 나만 몰랐단 말인가! 아직 인생 경험이 많지 않은 아이가 하는 말이기에 어느 정도는 접고 들어야 하겠지만 반대로 생각해보면 오히려 그 말이 진리다. 이것저것 복잡하게 생각하지 않고 단순하게 생각하면 되는 문제인데 너무 어렵게 생각하니까 답이 안 나오는 것이 아닐까? 그렇다면 얼마나 많은 사람들이 이렇게 문제를 단순화시켜서 해석할 수 있을까? 어른보다 순수한 아이들은 대부분 문제에 부딪혔을 때 단순하게 생각하고 해결할까? 갑자기 아이들이 고통이라고 느끼는 것이 어떤 종류의 문제인지 궁금해진다.

'다른 사람의 아픔보다 내 손톱 밑의 가시가 제일 아프다'라는 말처럼 내가 고통 중에 있을 때는 다른 사람을 살펴볼 여유가 안 생긴다. 어른의 관점에서 보는 아이들의 문제는 너무 사소하고 하찮게 여겨질 수 있으나 그순간 아이들에게는 그것이 가장 큰 고통일 텐데. 어른이 되어버린 지금 그런 아이들의 마음을 내 기준으로 평가하면서 잔소리를 하게 된다. 아이 스스로 그 고통의 시간을 견뎌낼 수 있도록 기다려주지 못한다. 나에게 맞는 해결 방법을 제시하면서 빨리 극복하라고, 잊어버리라고 재촉한다. 한 발자국 뒤로 물러나 응원의 눈길로 기다려줘야 하는데 그것이 쉽지 않다.

그래도 아이들이 이런저런 고통의 순간을 겪으면서 한 단계씩 성장할 수 있었으면 좋겠다. 그런 성장 과정을 통해 단단한 성인이 되면 좋겠다. 강점 조사, 성격 테스트를 통해서뿐만 아니라 일상의 사건과 행동을 통해 자신을 잘 살펴보고 자신의 참모습을 찾아보는 습관을 가지면 좋겠다. 외적인 모습이 아니라 내면의 참모습을 통해 스스로를 사랑하고 상대방을 존중하는 사람이 되면 좋겠다. 그러면 살아가면서 만나게 되는 크고 작은 고통과 시련 앞에서 쉽게 넘어지지 않을 테니까. 고통과 시련의 시간을 잘 버틸 수 있을 테니까.

대화와 소통의 부재

오랫동안 가뭄이었는데 오랜만에 단비가 내렸다. 내리는 비를 보면서 아이에게 이야기를 들려주었다.

"옛날옛날에 개구리 형제가 살고 있었어. 그런데 개구리 형제는…."

우리가 알고 있는 청개구리 이야기이다. 어릴 때는 비오는 날 재미로 듣던 이야기이고, 부모가 되어서는 말 안 듣는 아이를 훈계하기 위해 해 주던 이야기이다. 오늘 이 이야기 속에는 대화와 소통의 부재라는 키워드가 들어 있다.

엄마 개구리와 형제 개구리는 소통이 되지 않았다. 엄마 이야기를 들은 형제 개구리는 엄마 말과는 반대로만 행동하고 있었다. 그래도 형제 개구리들은 엄마 말을 귀 기울여 듣기는 했다. 엄마 말을 귀 기울여

들었으니까 반대로 행동할 수 있었던 것이다. 제대로 듣지 않았다면 그렇게 완벽하게 모든 것을 반대로 행동하지는 않았을 테니까.

오늘날 우리의 모습은 어떤가? 소통을 위한 노력을 하고 있을까? 소통을 위해서 상대의 말을 경청해야 하는데 그렇지 않다. 건성으로 듣고, 건성으로 대답하고, 무심하게 흘려보낸다. 상대가 무슨 말을 했는지조차 정확히 알지 못한다. 잘 듣기 위해서는 자신이 하던 행동을 멈추고 최소한 말하는 상대를 바라보고 눈을 마주쳐야 하는데, 그렇게 하지 않는다. 모두들 허공에 대고 말한다. 대화란 말하는 상대와 서로 의견과 감정을 주고받는 것이다. 그런데 대화는 하지 않고 서로 자기 말만 하고, 듣고 싶은 것만 듣는다. 그러니 상대방을 이해할 수 없다. 아니 처음부터 이해하려는 마음이 없었던 것이다.

남편은 이른 아침에 볼 일이 있다면서 집을 나섰다. 그런데 몇 분 지나지 않아 119 구급대원으로부터 오토바이를 타고 가던 남편이 교통사고를 당했다는 연락을 받았다. 너무 놀라 급하게 병원에 달려갔더니 다행히 생각보다 심각한 부상은 아니었다. 몇 시간에 걸친 검사 결과 여기저기 찢기고 부러져서 수술도 하고 몇 달 동안 치료를 받아야 한다는 말을 의사로부터 들었다. 사고 소식을 듣던 순간에는 제발 무사하기만을 바랐는데, 이제 한숨 돌리고 나니 남편의 부주의한 행동에 화가 나기 시작했다. 그래서 사건 경위에 대해 자세히 알지도 못하면서 남편을 몰아세웠다.

"그렇게 위험한 오토바이 타더니 사고가 난 거 아니야?"

"천천히 다니지 급한 성격대로 가다가 사고 난 거 아니야?"

"누가 더 잘못이 큰 거야?"

"이렇게 다쳤으니 앞으로 일은 어떻게 할 거야?"

남편의 말은 들으려고 하지도 않고 계속 나 혼자만 허공에 대고 말하고 있었다. 묵묵히 듣고 있던 남편이 내 팔을 잡더니 한마디했다.

"나 좀 쳐다보고 내 말 좀 들어 보고 나서 말해."

사이토 다카시는 "커뮤니케이션의 기본은 말하기보다 듣기가 먼저"라고 강조했다. 듣기가 중요한 이유는 여러 가지가 있지만 세상에는 듣고 싶어 하는 사람보다 말하고 싶어 하는 사람이 압도적으로 많아서 잘 들어주는 사람 쪽에 희소가치가 있기 때문이다. 듣기가 중요하다는 것은 알고 있지만, 잘 듣기는 너무 어렵다.

상대방의 말을 잘 듣기 위해서는 상당한 끈기와 인내심이 필요하다. 상대방의 말을 듣는 동안에 끊임없이 올라오는 말하고 싶은 나의 욕구를 참아야 한다. 상대가 아주 재미있게 이야기하거나 의미있는 이야기를 할 때는 그래도 괜찮다. 하지만 초등학생처럼 똑같은 말을 반복하고 무엇을 말하고 싶은지 알 수 없는 경우나 끝도 없이 말이 길어지기라도 한다면 듣기는 정말 고통스럽다. 듣는 일에 익숙하지 않으니 제대로 듣지 못하는 것이다. 제대로 듣지 않으니 대화가 이어지지 않고, 서로 이야기를 나누기는 했지만 뭔가 부족하고 공감대를 형성하지 못하게 된다.

제대로 듣기 위한 전제 조건으로 올바른 자세를 강조하고 싶다. '몸은 마음의 표현'이라는 말처럼 내가 어떤 마음을 갖고 있는가를 단적으로 표현하는 것이 자세다. 내 마음이 풀어져 있고 의욕이 없는 상태일 때는 내 몸도 흐느적거리고 기운없이 축 늘어진다. 반대로 내 마음이 단단하고 의욕이 넘칠 때는 허리도 꼿꼿하고 목소리에도 기운이 넘치고 눈도 빛난다. 대화를 할 때도 마찬가지다. 내가 상대의 말을 들으려는 의지가 있을 때는 내 몸도 긴장하고 눈은 상대를 쳐다보게 된다. 반대로 듣고 싶지 않은 마음이 있을 때는 눈은 땅바닥을 향하고 몸은 반쯤 엎드린 상태가 된다. 그래서 자세를 보면 대화할 준비가 어느 정도 되어 있는지 대충 알아볼 수 있다.

아이들과 수업을 할 때 가장 첫 번째로 하는 이야기가 친구의 말을 잘 들으라는 것이다. 잘 듣기 위한 방법은 친구가 발표할 때는 꼭 친구의 눈이나 입을 쳐다보는 자세이다. 자신이 가지고 있는 모든 물건에서 손을 떼고 오로지 발표하는 친구에게만 집중하라고 한다.

발표가 끝나면 잘 들었는지 들은 내용에 대해 질문하게 한다. 바른 자세를 유지했던 아이들은 대부분 친구의 발표 내용을 잘 기억하고 있지만, 눈빛이 살아 있지 않았던 아이들은 제대로 전달하지 못한다. 잘 들은 아이들은 발표한 친구에게 질문도 많이 하지만 잘 듣지 않은 아이는 무엇을 질문해야 할지도 모른다. 그렇게 서로 질문하고 대답하는 과정이 반복되면서 대화의 능력이 길러진다. 대화를 위해 자세가 얼마나 중요한지를 보여준다.

"엄마한테 3분 동안 책 내용 전달하기 숙제 했니?"

"예. 그런데 엄마가 내 말을 잘 안 들었어요."

"그래? 엄마가 어떻게 하셨는데?"

"내가 말하는데 엄마는 계속 왔다갔다 하면서 들었어요."

"그랬구나. 그럴 때 네 기분이 어땠어?"

"별로 안 좋았어요."

풀 죽은 아이를 보면서 안타깝고 나의 모습을 보는 것 같아 부끄럽기도 하다.

아이들에게 가끔 '3분 스피치'라는 숙제를 내 준다. 3분 동안 책 내용이나 정해준 주제를 부모님께 전달하는 것이다. 아이들은 이 과제를 통해 여러 가지 생각을 하게 된다.

'자신이 하고 싶은 말을 잘 요약 정리하는 것이 참 어렵다.'

' 3분이라는 시간이 굉장히 긴 시간이구나. 시간을 잘 사용해야겠다.'

'상대방이 말을 할 때는 집중해서 들어야지.'

말을 하거나 들을 때 어떤 자세를 취하는지 생각해 봐야 한다. 특히 아이들과 대화하는 태도에 대해 살펴봐야 한다. 아이가 말을 하는데 아이의 얼굴을 쳐다보지 않고 할 일을 하면서 건성으로 듣고 있는 건 아닌가? 너도 나도 대화가 부족하고 소통이 안 된다고 말한다. 대화보다는 지시하고 지적하는 경우가 많다.

한 조사에 따르면 하루 중 가족과의 대화 시간은 20분 미만이며, 대화하지 않는 이유가 '잘 들어주지 않아서'라고 했다. 그렇다면 '나는 가족들과 어느 정도 대화하는가?' 가족이 아닌 사람들인 친구, 동료, 이웃과는 1시간이 넘도록 전화 통화를 하면서 가족과는 단 몇 분도 이야기를 나누지 않고 있다. 정치 이야기, 연예인 이야기, 텔레비전 프로그램에 대한 이야기는 시간 가는 줄 모르고 하지만 가족끼리 이야기가 길어지면 이상하게도 서로 감정이 상한 채로 끝나는 경우가 많다.

가족과 함께하는 시간은 점점 줄어드는데 그 시간마저도 핸드폰이나 미디어 매체에 빼앗기고 있으니 대화가 부족한 것이 어쩌면 당연하다. 요즘 각자 핸드폰을 가지고 있어서 가족이 집 안에 다 있더라도 각자 자기 방에서 스마트폰으로 대화를 주고받는다고 하니 대화 부족 현상은 앞으로 더 심해질 것이다. 또 대화를 하는 아주 짧은 순간에도 서로 내 말을 잘 들어주지 않는 것 같다고 느끼는 게 현실이다. 이렇게 대화가 안 되고 서로 소통이 안 되는 삶을 사는 우리의 정서는 얼마나 빈곤할까?

이제 손에서 핸드폰을 내려놓고 적극적으로 대화에 임해 보자. 서로의 눈을 바라보면서 진심으로 상대의 말을 경청해보자. 그 눈 속에 희망으로 가득찬 우리 아이들의 미래가 보이지 않는가!

희망이 사라진 세상

3포 세대, 5포 세대, 7포 세대, 헬 조선, 흙 수저 이런 단어의 공통점은 '희망'이 사라졌다는 것이다.

우리 부모님 세대는 대부분 가난했다. 물론 우리 집도 가난했다. 엄마·아빠가 출근하면 초등학교 저학년이었던 나는 엄마가 집에 돌아올 때까지 나보다 어린 동생 두 명을 보살펴야 했다. 바로 아래 동생은 씩씩하고 개성이 강한 성격이어서 내 말을 잘 안 듣고 자기 맘대로 하려고 하는 바람에 통제하기가 힘들었다. 반대로 그 아래 동생은 몸이 약한 편이고 온순해서 항상 내 뒤를 졸졸 따라다녔다.

서로 토닥대며 하루를 보내고 저녁노을이 질 때면 한 명은 등에 업고 한 명은 손을 잡은 채 엄마가 걸어오는 길모퉁이에 나가서 엄마 모습이 보이는지 고개를 빼고 바라보던 모습이 지금도 눈에 선하다. 엄마는 날마다 20~30분 거리에 있는 큰 도로가에 나가서 장사를 하셨는데, 물건을 다 팔아야 돌아오셨다. 조금 더 자라서는 힘들게 일하고 오는 엄마를 위해 연탄불에 저녁밥을 했던 기억도 생생하다.

공동 수도를 중심으로 네 가구가 모여 살았는데, 그때는 모두 비슷한 환경이었기 때문에 상대적인 박탈감을 덜 느꼈다. 그리고 가난하기는 했지만 꿈이 있었다. 열심히 공부하면 반드시 성공할 수 있다는 꿈, 자기가 원하는 모습을 이룰 수 있다는 꿈, 열심히 노력한 만큼 대가를 얻을 수 있다는 꿈이 있었다. 그렇기에 부모님들은 아무리 힘들어도 그 모든 어려움을 참아낼 수 있었고 아이들도 저마다의 꿈을 갖고 내일을 기대하며 오늘을 견딜 수 있었다.

아이들에게 꿈이 무엇이냐고 물으면 거침없이 대답했다. 의사, 검사, 판사, 선생님, 간호사 등등. 결핍이 많은 환경이었기 때문에 오히려 그 결핍을 채우기 위한 다양한 도전을 상상했다. 실현 가능성은 따져보지도 않고 오로지 열심히 노력하면 당연히 원하는 모습이 될 수 있다고 철석같이 믿었다. 꿈을 이룬 자신의 모습을 상상하며 기쁨의 미소를 지었다. 넓은 세상에서 업적을 남기는 자신의 모습을 마음껏 상상했다.

넓은 세상을 볼 수 있는 통로는 책이었다. 교과서 외에는 읽을 책도 별로 없었기 때문에 어쩌다 책 한 권을 손에 넣으면 정말 집중해서 읽었다. 내가 초등학교 시절에는 우리 집에 책이 한 권도 없었다. 중학교 때 《캔디》라는 만화책을 친구가 빌려줬는데 얼마나 재미있었던지 몇 번을 읽었다. 처음으로 《세계문학전집》을 할부로 샀던 날, 얼마나 기뻤는지 오랫동안 버리지 못했다. 책을 읽으면서 앞으로 나는 어떤 삶을 살게 될지 두근거리는 마음으로 나의 미래를 설계해 보기도 했다. 그 꿈이 다소 황당하고 가능성이 낮아 보일지라도 마음만 먹으면 이룰 수 있다는 자신감은 매우 높았다. 모든 국민이 근면과 성실로 열심히 일한 덕분에 우리나라가 전세계에서 깜짝 놀랄 고속 성장을 이루면서 우리의 꿈도 이루어질 것이란 희망을 가질 수 있었다.

그런데 지금 대한민국에는 '희망'이라는 단어가 실종됐다. 특히 젊은이들은 취업이라는 문을 통과하기가 낙타가 바늘구멍을 통과하는 것만큼이나 어려운 시절이 되어버렸다. 취업이 아닌 창업을 하려고 해도 그 길이 결코 만만하지는 않다. 그래서 수많은 젊은이들이 편의점에서,

식당에서 아르바이트하면서 청춘을 보내고 있다. 전세계적으로 불황이 깊은 상태이니 '미래'라는 말을 할 때는 으레 긍정적인 면보다는 부정적인 면에 대한 이야기가 더 많다.

각종 매스컴에서는 '미래에는 경제 사정이 더 안 좋아질 것이다. 미래에는 인구가 줄어서 나라의 힘이 더 약해지고 어쩌면 대한민국 자체가 없어질 수도 있다. 미래에는 대부분의 일자리를 로봇에게 빼앗기고 최악의 경우에는 인간이 로봇의 지배를 받게 될지도 모른다'는 등 현재보다 더 나빠질 수 있는 상황을 미리 예상하고 불안을 가중시킨다. 이러한 현실을 보여주듯 책이나 영화나 각종 매체에서도 '위험한 미래'를 주제로 하는 것들이 많이 등장했다.

이렇게 불안하고 어두운 미래를 예측하고 있는 시점에서 아이들에게 어른들은 무엇을 보여줄 수 있을까? 어른들도 내일에 대한 희망을 잃어버렸는데 '희망'을 잃어버린 어른들이 아이들에게 '희망'을 가지라고 말할 수 있을까? '희망'을 가져야만 보다 나은 내일을 만들 수 있다고 아이들을 설득할 수 있을까? 스스로 자신감이 없는데 어떻게 아이들에게 용기를 불어넣어 줄 수 있을까?

아이들에게 가장 하고 싶은 일이 무엇인지를 물으면 아이들은 대부분 "아무것도 하지 않고 쉬고 싶다."고 대답한다. 무언가를 할 의욕이 없는 아이들, 무기력하고 축 처진 상태로 있는 아이들에게 도전이 가능한 일인가?

요즘 아이들은 물질적인 면에서 부족함없이 풍족하게 살고 있는 편이다. 우리의 부모님이 우리를 위해 모든 것을 희생하셨듯이 우리도 아이들을 위해 많은 것을 희생하고 헌신한다. 부모는 가난해도 아이들은 부자다. 물론 아직도 의식주를 걱정해야 하는 아이들도 있지만 내가 어릴 때에 비하면 아쉬움없이 쾌적한 환경에서 자라고 있다. 아이들은 자신이 누리고 싶은 것, 갖고 싶은 것은 대부분 소유할 수 있게 되었다.

어느 날 학교에서 돌아 온 아이가 너무 놀랄 만한 사실이라며 흥분해서 말했다.

"엄마, 글쎄 지금까지 비행기를 한 번도 못 타본 애들이 있대."

"그 얘기가 어떻게 나왔는데?"

"방학 계획표 짜는 데 여행 얘기가 나와서"

"그럴 수도 있지. 그런데 비행기를 한 번도 못 타 본 게 왜 이상한건데?"

"아니⋯. 나는 그런 애가 있을 줄은 몰랐거든⋯"

"우리 주변에는 아직도 어려운 친구들이 많아. 관심 갖고 살펴보면"

아이의 말을 들으면서 '내가 아이를 잘못 키웠구나'라는 생각이 들었다. 자신이 누리고 있는 것을 너무도 당연하게 생각하고 있으니. 주변을 살펴보고 자신의 상황에서 감사하는 삶을 살도록 키웠어야 했는데 아이에게 과도하게 많은 것을 안겨줬구나. 자신에게 주어졌던 그 많은 기회들이 얼마나 소중하고 감사한 것이었는지 느끼지 못하고 있구나. 부족함을 못 느끼니까 간절한 꿈도 없는 것이지. 평소에 감사하는 삶에 대해 자주 이야기를 나눴지만 결국 그 말은 절실한 체험이 아니라 단지 말뿐이었구나 라는 생각에 씁쓸했다.

얼마 전에 《꽃들에게 희망을》이라는 책을 읽고 아이들과 토론을 했다. 한 아이가 아주 당돌하게 말했다. "수많은 애벌레들이 서로 짓밟고 올라가던 기둥은 오늘날의 우리나라의 모습과 똑같다고. 자기가 왜 올라가는지 이유도 모른 채 무조건 남을 밟고 올라서야 하는 현실을 보여 주고 있다고. 이런 현실에서 살아가고 있는 자기 자신과 친구들이 불쌍하다고." 충격적이면서도 한편으로는 흐뭇했다. 항상 어리게만 보이던 아이가 그 책을 읽고 사회적인 현상과 연결지어 생각했다는 것이 기특했다.

그 말을 계기로 함께 수업하는 아이들의 입이 열리면서 우리 사회에 대한, 어른들의 태도에 대한 열띤 토론이 시작되었다. 선생님이기 전에 이 나라의 한 어른으로서 아이들 앞에서 부끄러웠다. 아이들에게 원칙이 통하고, 실수를 두려워 하지 않고 도전할 수 있는 분위기를 만들어 주지 못하고 무조건 앞만 보고 달려가라고 밀어붙이는 사회를 만들어 놓았다는 사실이 미안했다. 그러면서도 한편으로는 열심히 토론하는 아이들을 보면서 이런 아이들이 있기에 우리에게는 아직 희망이 있다는 생각이 들었다.

희망이 사라진 대한민국이라고 걱정하고 슬퍼하고 있지만 책을 읽고 현실을 직시하고 비판하고 미래를 계획하는 아이들이 있기에 우리가 포기하기에는 아직 이르다는 생각. 우리 아이들을 이렇게 키우면 사라졌던 '희망'을 다시 찾을 수 있다는 기대감이 생긴다. '희망'을 찾기 위해 지금까지와는 다른 방법, 다른 사고방식, 다른 시스템을 만들어야 하지만 그래도 한번 도전해 볼 만하지 않은가!

여성가족부에서는 2019년 3월 6일 "2019 다시 청소년이다"라는 슬로건으로 미래를 책임질 청소년들의 역량 강화와 정책 재정비를 위한 출범식을 가졌다. 우리 역사에서 3.1 운동을 주도한 유관순 열사를 비롯해 많은 청소년들이 역사의 중요한 시기에 활약했던 것처럼 앞으로 청소년들이 주도적으로 다양한 꿈을 키워나갈 수 있는 환경과 기회를 제공하고 4차 산업혁명 시대에 청소년들이 주도성을 갖고 자신의 미래를 설계할 수 있도록 지원할 방침이라고 밝혔다.

교육은 '백년지대계(百年之大計)'라고 한다. 우리나라의 미래를 위한 청소년 교육이 중요한 이유다. 나라에서도 청소년들이 꿈을 가질 수 있도록 지원하고 교육하기 위해 장·단기인 계획을 세운다. 그 교육이 효과를 내기 위해서는 가정에서의 협력이 절대적이다. 우리가 먼저 아이들에게 희망을 보여주는 삶을 살아야 한다. 아이들도 꿈을 갖고 당당하게 자신의 꿈을 펼칠 수 있는 기회를 가질 수 있어야 한다.

3포 세대, 5포 세대, 7포 세대, 헬조선, 흙수저와 같은 말이 더 이상 회자되지 않는 대한민국이 되면 좋겠다. 그 중심에 우리 아이들이 있었으면 좋겠다. 활기차고 의욕 넘치는 젊은이들의 열정으로 대한민국이 후끈하게 달아올랐으면 좋겠다.

부자 되는 게 소원이야

돈을 많이 벌고 싶다는 소망은 누구나 갖고 있다. 나 역시 돈을 많이 벌고 싶다. 그래서 열심히 일하고 '어떻게 하면 돈을 더 벌 수 있을까' 고민하기도 한다. 돈을 많이 벌고 싶다는 소망이 나쁜 것도 아니고 방법만 옳다면 돈이 많을수록 좋다. 우리 주변에는 열심히 일해서 돈도 많이 벌고 그 돈을 좋은 일에 쓰는 사람도 많다. 노블레스 오블리주를 실천하는 기업도 많고 개인도 많다. 미국의 철강 왕 카네기, 석유재벌 록펠러, 애플의 CEO 스티브 잡스도 열심히 일해서 번 돈을 사회에 기부하였다.

이처럼 대단한 재벌은 아니더라도 '곳간에서 인심 난다'라는 속담처럼 기본적으로 나에게 물질적인 여유가 있어야 주변을 둘러 볼 수도 있고, 비록 많은 액수의 돈은 아닐지라도 필요한 곳에 기부도 할 수 있다. 당장 먹고 사는 것이 해결되지 않은 상태에서 남을 돕는다는 것은 이론적으로는 가능할지 모르나 현실에서는 상당히 어려운 선택이다.

사유재산을 인정하는 자본주의에서뿐만 아니라 사회주의에서도 돈이 있는 사람은 보다 많은 것을 누리면서 살고 있다. 우리는 흔히 북한은 대부분의 사람들이 가난하고 먹을 것도 없어서 굶고 있는 줄로 알고 있지만, 평양 시내에 사는 사람들의 모습을 보면 우리나라 중산층 이상의 생활을 누리고 있는 것을 볼 수 있다. 이처럼 돈이 있으면 어느 곳에서 살던 보다 풍요롭고 안락한 삶을 누릴 수 있는 것이 현실이다. 특히 돈 있는 사람이 가장 살기 좋은 나라 1순위로 대한민국을 꼽기도 한다.

그러니 아이들이 직업을 선택할 때도 돈을 많이 벌 수 있는 직업을 선호하는 것이 당연하다. 2019년 교육부에서 학생 2만 7천 명을 대상으로 장래 희망 직업을 조사했다. 아이들이 직업을 선택한 기준이 바로 '돈을 얼마나 벌 수 있는가?'였다는 사실은 우리 청소년들의 가치관을 단적으로 보여주는 결과다. 예전에 청소년들을 대상으로 인터뷰하는 방송을 봤다.

'100억 원과 부모님을 바꿀 것인가?' 라는 다소 황당한 주제였다.

"만약에 '당신에게 100억 원을 줄 테니 부모님과 인연을 끊고 살라' 고 한다면 어떻게 하시겠습니까?"

당신의 대답은 무엇인가?

'뭐 저런 질문을 하고 그래? 당연하게 돈보다 가족이 더 소중하다고 대답하겠지' 라고 생각했다. 화면에 나온 학생들은 처음에는 나와 같은 대답을 했다. 그런데 뒤로 갈수록 "그렇게 하겠다."라고 대답하는 사람들이 나오기 시작했다. 하나, 둘, 셋. 돈과 가족을 바꾸겠다고 대답한 학생들에게 이유를 물었다.

"어차피 인생은 각자 사는 거니까요."

"제가 경제적으로 여유 있고 풍족하게 사는 걸 부모님이 더 바라실 거에요."

"돈만 있으면 부모님을 안 만나도 부모님이 필요한건 다 해드릴 수 있어요."

가슴이 답답했다. 세상이 변했다고 이야기하지만 이렇게까지 가치관이 달라졌을까? 지금 내가 보고 듣고 있는 것이 정말 많은 아이들의 공통된 생각일까?

세계 인구의 0.2%에 불과한 유대인들이 전세계에 미치는 영향력은 어마어마하다. 전세계적으로 부자반열에 올라 있는 이들도 유대인이다. 미국의 최고 부자 40명 중 16명이 유대인이다. 알버트 아인슈타인, 스티븐 호킹, 빌 게이츠, 래리 페이지, 마크 저커버그처럼 명예를 얻은 이들도 유대인이 많다. 노벨상 전체 수상자의 27%가 유대인이다. 골드만삭스, 조지 소로스 등 오늘날 세계 금융시장을 뒤흔드는 이들도 유대인이다.

이들이 이렇게 할 수 있는 이유는 무엇일까? 바로 그들의 독특한 교육법 덕분이다. 그중에서 '쩨다카'와 '푸쉬케'는 유대인들의 가치관을 보여주는 제도이다. 이것은 어릴 때부터 자신이 가진 것을 가난한 이들을 위한 나눔에 사용하는 목적으로 각 집안에 마련한 저금통이다. 돈을 버는 것도 중요하지만 어떻게 사용해야 하는지에 대한 교육을 어릴 때부터 가정에서 자연스럽게 시키는 것이다. 가난한 유대인을 방치하는 것은 율법에 어긋난다는 공동체 의식을 실천하기 위해 '쩨다카'를 통해 사회에 환원하는 연습을 시킨다. '돈'에 대한 가치관을 제대로 정립할 수 있는 제도다.

이런 제도에서 실천하는 교육을 통해 성장해서 그런지 유대인들의 공동체 의식은 세계에서 유례를 찾아볼 수 없을 정도로 끈끈하고 강하다. '돈'에 대한 올바른 가치관을 갖고 있기에 돈을 가장 잘 다루는 민족도 유대인이고, 기부를 가장 많이 하는 민족도 유대인이다.

하지만 안타깝게도 우리에게는 아직까지 이런 가치관 교육이 부족하다. 돈을 많이 벌어 부자가 되고 싶은 사람은 많은데 그 돈을 사회를 위해, 이웃을 위해 기부하고 싶은 사람은 별로 없다. 고도로 산업화된 사회에서 기술은 발전해 수입은 늘어났지만 가치관의 변화는 그 속도를 따라가지 못했다. 어떻게 돈을 벌고 어떻게 써야 하는가에 대한 가치관을 정립하지 못했다. 그저 많이 벌면 좋은 것, 성공한 것이라는 생각이 지배적이다. 수단과 방법보다는 결과가 더 중요하다.

우리나라가 개발도상국일 때는 목표가 오로지 하나였다. 그 목표는 숫자로 나타낼 수 있는 것을 올리는 데 집중되었다. 국민소득 2만 달러 시대, 세계 경제 10위 대한민국. 너도 나도 돈을 벌기 위해 팔을 걷어 부치고 일했다. 열심히 일해서 돈을 벌면 그만큼 나의 생활이 편안해지고 안정되었다. 돈이 늘어나는 만큼 삶의 변화도 눈에 띄게 달라졌고 만족도도 빨리 올라갔다. 성공을 평가하는 잣대로 사용하기에도 안성맞춤이었다. 그래서 돈 버는 것이 인생 최대의 목표였다.

늘어가는 통장 잔고를 보면서 기뻐하고 만족했다. 앞만 보고 달리느라 주변을 둘러 볼 여유가 없었다. 내 옆에서 달리는 사람은 같은 팀이 아니고 경쟁자였다. 그 사람보다 더 빨리 달려야 내가 더 많은 것을 얻을 수 있었다. 옆 사람과 끊임없이 경쟁하면서 나의 성공을 재는 잣대로 사용했다. 이런 우리의 모습을 아이들이 보면서 자랐다. 우리가 열심히 달리면서 넘어야 했던 어려움을 아이들은 보지 못한다. 아이들에게 보이는 것은 결과뿐이다.

돈과 성공의 관계로 나타나는 결과만이 평가의 기준이 되었다. 성공하려면 당연히 돈을 많이 벌어야 한다. "돈을 벌기 위해서 어떤 일을 해야 할까?"라는 생각이 먼저다. "어떤 일을 하면서 돈을 벌여야 할까?"라고 질문하지 않는다. "연예인이라는 직업이 나에게 잘 맞는가?"라고 질문하기 전에 "연예인이라는 직업은 돈을 많이 벌 수 있을까?"라고 질문한다.

아이가 다섯 살 때 우리 집 식탁 위에 굶주림에 지친 아프리카 소년의 사진을 프린트해서 붙여 놓았다. 편식이 심한 아이가 자신이 싫어하는 음식을 먹을 때마다 저금통에 동전을 넣는 프로젝트를 했다. 자기가 싫은 일을 참고 하면 그에 따른 보상으로 받은 동전을 1년 동안 모아서 복지단체에 기부했다. 처음으로 하는 기부에 아이는 몹시 뿌듯해하고 자랑스러워했다. 다음 해에는 아이가 장난감을 스스로 정리하면 저금통에 동전 넣기를 했다. 이후로 계속 다른 프로젝트가 진행되어서 9년째 기부를 이어가고 있다. 매년 여름방학이 되면 그동안 모은 저금통을 기부하러 간다. 처음에는 마냥 즐거워하던 아이가 어느날 나에게 물었다.

"엄마, 왜 우리가 모르는 사람을 도와줘야 해?"

"우리나라도 예전에는 가난해서 다른 나라 사람들한테 도움을 많이 받았어."

"우리가 부자도 아닌데 꼭 그렇게 해야 해?"

"돈 많은 부자만 기부하는 게 아니고 누구나 자기 형편 닿는 대로 기부하는 거야."

"그런데 부자들은 기부 잘 안 하잖아?"

"돈만 많다고 부자가 아니고 돈을 의미있게 써야 부자인거야."

"그래도 나는 어떤 때는 좀 아까워."

욕심 많고 인색한 편에 속하는 아이가 하는 말이다. 아이다운 솔직함이다. 자기가 열심히 모은 돈을 자기 마음대로 쓰고 싶은 건 당연한 마음이니까. 하지만 조금씩이라도 꾸준히 나눔을 실천하는 연습이 아이를 변화시킬 것이라고 믿는다. 어릴 때부터 하는 작은 실천을 통해 아이가 점점 나눌 줄 아는 사람, 공동체의 힘을 믿는 어른으로 성장하기를 바라는 마음이다. 우리 아이들이 나눌 줄 아는 어른으로 성장한다면 우리나라는 경제 수준이 높아서 살기 좋은 나라가 아니라 가치관이 건전하고 훌륭해서 살기 좋은 나라 1순위가 될 것이다.

운동선수, 교사, 의사, 요리사, 유튜버. 직업이 무엇이든 아이들이 꿈을 갖고 있다는 사실이 너무 다행이다. 이왕이면 아이들이 즐거운 일, 행복한 일을 직업으로 삼으면 좋겠다. 그런 직업을 통해 돈을 번 후에 그 돈을 어떻게 쓸 것인가를 고민해보면 좋겠다. 그렇게 부자가 된 사람들이 또 다른 부자를 키울 수 있도록 사회에 기여하면 좋겠다. 너도 나도 부자가 될 수 있고, 부자가 되고 싶다는 소원이 당당하고 자랑스러워지는 대한민국을 꿈꾼다.

넓은 길이 정답일까

다음 질문에 대답을 해 보자.
- ☺ 누구를 위해서 공부하는가?
- ☺ 공부 잘 하면 누구에게 가장 도움이 되는가?
- ☺ 공부하기 적당한 시기는 언제인가?
- ☺ 성공하려면 어떻게 해야 하나?
- ☺ 내가 성공하면 누구에게 가장 좋은 일인가?

이런 질문에 나와 다른 대답을 한 사람은 누구일까? 대부분 나와 똑같은 대답을 했을 것이다. 아이들에게 물어봐도 별반 다른 대답이 나오지 않는다. 그래서일까? 아이들은 이런 질문 받는 것을 좋아하지 않는다. 잔소리라고 생각하고 너무 많이 들어서 지겹고 듣기 싫다고 한다. 잠을 자면서도 잠꼬대로 대답할 수 있을 정도로 어른들로부터 많이 들었다고 한다. 이게 다 너희를 위해서 하는 말이라고 하면 고개를 절레절레 흔들며 듣기 싫다는 표정이 역력하다. 아이에게 공부 스트레스를 별로 안 주는 엄마라고 스스로 생각하는 나 자신도 가만히 살펴보면 이런 말을 아이에게 수시로 했었다. 화가 나서 큰소리로 훈계할 때도 했었고, 아이가 스스로 알아서 공부하고 있을 때 더 자극을 주기 위해서 부드러운 말투로 포장해서 하곤 했다.

요즘 아이들은 머리도 좋아서 어지간히 어려운 문제들도 쉽게 푼다. 초등학교 고학년이 되면 아이의 학습을 엄마가 담당하기에는 조금 힘들어진다. 아이를 가르치기 위해서는 답안지를 보고 미리 공부하거나 할 수 없이 학원으로 보내야 할 정도다. 수시로 교육과정이 바뀌는데 그 수준이 갈수록 높아진다. 머리로 이해하는 데는 엄청나게 빠르다.

아침부터 밤까지 여러 분야의 선생님들이 아이들을 밀착해서 지도한다. 문제는 바로 여기에 있다. 아이들이 어른보다 더 바쁜 일정을 소화하고 학력 수준은 높아졌지만 모두가 똑같이 움직인다는 것이다. 옆집 아이가 영어 학원에 가 있을 시간에 우리 아이도 영어 학원에 가 있다. 옆집 아이가 수학 학원에 있을 때 우리 아이도 건너편 수학 학원에서 공부하고 있다. 옆집 아이가 밤 11시까지 숙제하고 있을 때 우리 아이도 그때까지 잠을 자면 안 된다. 학부모들이 만나면 서로 학원에 대한 정보를 얻으려고 눈치작전이 인천상륙작전은 저리가라 할 정도로 살벌하다. 똑같은 일정, 똑같은 학원, 똑같은 음식, 똑같은 꿈…. 생기없고 무표정한 아이들이 학원가에서 걸어 다니는 모습을 보면 마치 로봇같아 흠칫 놀랄 때가 있다.

☺ 자기만의 색깔을 갖도록 교육해야 한다.

☺ 아이의 행복이 가장 중요하다.

☺ 공부가 중요한 게 아니라 인성이 중요하다.

☺ 친구는 경쟁자가 아니라 함께 가는 동지다.

☺ 여러 분야에서 다양한 체험을 시켜라.

부모라면 누구나 공감하고 고개가 끄덕여질 말이다. 너무 당연한 말이니까. 우리가 추구하고 나아가야 할 방향이니까.

하지만 현실에서 이것이 가능한가? 나는 정말로 이런 신념을 갖고 아이를 키우고 있을까? 나는 이런 마음으로 아이를 키우겠다고 다짐하지만 현실이 나를 가만히 두지 않는다. 끊임없이 들려오는 주변 사람들의 호기심 가득한 질문은 끝까지 나의 신념을 지킬 수 있도록 도와주기는커녕 오히려 '내가 선택한 방법이 과연 맞는 것일까?'라는 의구심을 갖게 한다. 획일화된 교육의 틀에서 벗어나 자유로운 아이고 키우고 싶다고 굳게 마음먹고 자유롭게 해 줬는데 아이가 내가 생각한 것만큼 성장하지 못했다는 생각이 들 때면 정말 당장이라도 남들이 하는 대로 하고 싶어진다. 무엇보다 부모인 나 역시 그런 교육을 받으면서 자라지 않았기에 과연 내가 선택한 방법이 옳은 것인지에 대한 확신이 없다. 이상은 높으나 현실이 뒷받침되지 않으니 아이를 키우는 과정에서 갈등이 생기는 것은 당연하다. 이렇게 나 스스로도 갈등과 모순 속에 있는데 어떻게 아이들이 자기만의 색깔, 인성, 동지 등과 같은 당연한 가치관을 받아들일 수 있을까?

내 아이가 7세 때 일이다. 수업 마치는 시간에 맞춰 유치원으로 아이를 데리러 갔는데 담임이 조심스럽게 말했다.

"어머니, 재민이가 아직 자기 이름을 못 써요. 그러니까 주말에 이름 쓰는 것 좀 연습시켜주세요."

"예. 그런데 왜 자기 이름을 써야 하죠?"

"예? 저기…. 만들기같은 걸 하면 거기에다 자기 이름을 써야 하는데, 재민이만 아직 못 써서요."

"그럼 지금까지는 어떻게 했나요?"

"제가 써 줬어요. 그런데 다른 아이들은 자기가 쓰는데 재민이만 스스로 못 쓰니까 창피해할 것 같아서요."

"예~ 그 부분에 대해서 아이랑 며칠 전에 얘기한 적 있는데 본인은 안 창피하대요. 재민이가 창피하다고 자기가 이름 쓰는 거 배우고 싶다고 하면 그때 제가 연습시킬게요."

"예…"

그때 선생님이 보인 반응을 잊을 수 없다. '뭐 저런 엄마가 있나?'라는 표정으로 너무나 황당해하는 눈빛. 유별난 엄마를 바라보는 듯 야릇한 감정이 나타난 표정. 낮게 내쉬는 한숨 소리. 황급히 이야기를 마무리하고 돌아서는 뒷모습.

우리는 누구나 많은 사람들이 가는 길이 안전하다고 생각한다. 많은 사람들이 간 길을 따라가면 최소한 실패는 덜 할 수 있다고 믿는다. 나만 다른 길로 가면 불안하고 잘못 될 것만 같아서 겁이 나고 외롭다. 자꾸만 뒤돌아보게 되고 나와 같은 길을 가는 사람이 있는지 두리번거리게 된다. 그런 불안감을 겪고 싶지 않아서 남들이 가는 길로 간다. 이미 만들어진 넓은 길을 따라간다.

'6세 때는 한글 공부를 시작해야 한다.'

'영어는 어릴 때부터 시키는 게 좋으니까 한글보다 먼저 시켜라.'

'책을 많이 읽어야 하니까 적어도 하루에 2~3권씩은 꼭 읽혀라.'

'학교에 들어가면 악기 하나쯤은 수행평가 때 해야 하니까 음악학원을 보내라.'

'7세면 한글을 읽고 쓸 줄 알아야 한다.' 등등

많은 사람들이 가는 길을 따라가려면 이미 그들이 만들어 놓은 일정대로 내 삶을, 아이의 삶을 계획해야 한다. 그 일정대로 잘 따라가고 있는지 끊임없이 비교하고 체크해야 한다. 비교 대상이 옆집 아이, 옆집 엄마다. 남들이 만들어 놓은 체크리스트를 채우지 못하면 나만 뒤처지는 것 같아 불안하다. 그 불안감을 견디기 어렵다.

반대로 남들이 하는 대로 하지 않으면 무리에서 소외되는 감정도 견뎌야 한다. 나는 그런 길을 스스로 선택했고 어른이기에 참을 수 있다. 하지만 아이는 엄마의 선택 때문에 혼자 보내야 하는 시간이 길어진다. 그것을 견디기가 더 어렵다. 요즘은 아이들끼리 자연스럽게 삼삼오오 모여서 놀지 않는다. 같은 학원에 다니는 아이들끼리 학원 일정이 끝나면 엄마들이 미리 정한 시간에 모여서 논다. 그러니 일정이 똑같지 않은 아이는 함께 놀 친구도 만나기 어렵다. 우리 아이가 그랬다.

모둠 수업으로 진행하는 수학 학원, 영어 학원에 같이 보내자는 제안을 한 번 두 번 거절하니까 그 다음부터는 아예 함께하자는 이야기를 하지 않았다. 그렇게 함께 움직이지 않으니 자연스럽게 아이들 무리에 끼지 못하고 우리 아이는 놀고 싶어도 함께 놀 친구가 없었다. 그런 아이를 옆에서 지켜보는 엄마는 마음이 아프고 아이에게 미안한 마음도 들었다.

30년 전에 '디스코텍'에 가면 누구나 자기 몸이 움직이는 대로 막춤을 췄다. 리듬에 몸을 맡기고 자기가 흔들고 싶은 대로 흔들면 됐다. 춤추는 사람들을 바라보는 것만으로도 재미있었다. 어떤 이는 기둥을 부여잡고 있고, 어떤 이는 엉덩이를 섹시하게 흔들고, 어떤 이는 좀 바보스러운 몸짓을 보여주기도 했다. 다양한 사람들이 만들어내는 다양한 몸짓이 참 보기 좋았다. 살아있음을 느낄 수 있었다. 조금 촌스럽게 보이고 우스워 보이지만 서로 다름이 아름답게 느껴졌다.

하지만 요즘은 춤도 모두 똑같다. 노래마다 정해진 춤이 있다. 똑같이 춤추기 위해서 열심히 연습한다. 조금 다르게 움직이면 '틀렸다'고 눈총을 받는다. 2012년에 가수 '싸이'의 '강남스타일'이 인기였다. 수많은 사람들이 모여 '말춤'을 췄다. 한국에서뿐만 아니라 미국에서도. 엄청난 인파가 모여 흥겹게 리듬에 맞춰 '말춤'을 추는 모습을 보면서 문득 너무 무섭다는 생각이 들었었다. 한국을 넘어 세계적으로 '획일화'되는 문화가 무섭게 다가왔다. 남들이 하는 대로 똑같이 하는 획일화의 물결이 무서웠다. 그렇다고 그 흐름에서 크게 벗어 날 용기도 없으면서.

지금 내가 선택한 길이 넓어서 안전한 길인지, 남들이 가지 않기 때문에 더 안전한 길인지 생각해봐야 한다.

내가 만난 아이들 2

현선이는 내가 일을 시작한지 2년이 조금 지났을 때 만난 초등학교 5학년이다. 상담 때 만난 현선이 엄마는 성격이 온화하고 조용한 편이었다. 현선이는 약사인 부모님의 외동딸로 남 부러울 것 없이 비교적 여유있는 환경에서 살았다.

부모님은 아이가 하고 싶다고 하는 것은 무엇이든지 적극적으로 지원해주고, 자신들의 뜻보다는 현선이의 의사를 먼저 물어보고 존중해주는 분이다. 다만 약국이라는 것이 오랜 시간 동안 문을 열어 놓고 있어야 하는 특성 때문에 세 식구가 함께하는 시간이 부족한 것이 아쉽고 현선이에게 미안하다고 했다. 현선이가 혼자 있는 시간이 많아서인지 말수가 적고 사교성이 부족해 보여서 걱정이라고 했다. 책 읽기를 좋아하는데 친구들과 좀 더 자주 어울려 놀면 좋겠다며 딸을 향한 사랑을 드러냈다. 현선이를 처음 만난 날, 수줍어서 얼굴이 발그스름하고 목소리도 귀를 가까이 대야 들릴 정도로 작았다.

자기는 혼자 있는 시간을 좋아하고 그림 그리기와 메모하기를 좋아한다고 했다. 처음 만난 내가 낯설어 시선을 바닥에 고정한 채 조곤조곤 이야기하는 현선이를 보면서 '아이가 사춘기에 접어들었나?'라는 생각도 들었다. 현선이 방에는 이젤이 세워져 있었고 어촌 풍경을 그린 수채화가 있었다. 그림을 본 나는 깜짝 놀랐다.

"이거 네가 그린 거야?"

"예."

"와, 진짜 잘 그린다. 완전 화가 같은데!"

"선생님이 조금 도와 주셨어요."

"네 꿈이 뭐야? 혹시 화가야?"

"아니요, 작가요."

"작가? 어떤 작가가 되고 싶은데?"

"추리소설 작가요."

"추리소설 작가. 그럼 추리소설 쓴 거 있어?"

"완성은 안 됐는데…"

"괜찮아. 내가 한번 읽어봐도 돼?"

아이가 내민 노트를 펴서 읽기 시작했다. 아이의 글을 읽으면서 나는 아까보다 더 놀랐다. 글의 짜임이 탄탄하고 긴장감 넘쳤다. 초등학교 5학년이 썼다고는 믿어지지 않을 정도로 이야기의 구성이 치밀했다. 노트 10여 페이지를 썼는데 정말 대단했다. 아직 이야기가 절정에 이르지는 않았지만 다음에 어떻게 이어질지 기대가 되었다. 내가 쓴다고 해도 이처럼 쓰지 못할 것 같다는 생각이 들었다.

나도 학창 시절에 추리소설을 꽤 많이 읽었는데 현선이가 쓴 이야기는 그때 읽었던 것들과 비슷한 몰입을 느낄 수 있었다. 《오리엔트 특급 살인》의 작가로 추리소설의 여왕이라 불리는 애거서 크리스티와 맞먹는 작가가 될 것 같은 기대감과 동시에 자괴감이 밀려왔다. 이렇게 타고난 능력을 갖고 있는 아이에게 내가 무엇을 가르쳐 줄 수 있단 말인가? 이 아이는 나에게 너무 버거운 학생 아닌가? 나보다 글을 잘 쓰고 나의 능력을 뛰어넘는 재능을 타고 났는데 내가 어떤 도움을 줄 수 있을까? '천재는 1%의 영감과 99%의 노력으로 만들어진다'고 하는데 그건 평범한 대부분의 사람들을 독려하기 위해서 하는 말일 뿐이다. 아무리 노력해도 타고난 재능을 뛰어넘을 수 없는 거 아닐까?

복잡한 나의 심정을 읽기라도 하려는 듯 현선이가 나를 뚫어지게 바라봤다. 나는 이런 나의 심정을 어떻게 말해야 할까 잠깐 고민했다. 아이들에게 독서 지도를 시작한 지 2년이 조금 넘은 짧은 경력이지만 나름대로 인기있는 선생님이었다. 지금까지 만난 아이들은 대부분 평범하고 책은 읽어도 글 쓰는 건 별로 좋아하지 않는 아이들이었다. 그런 아이들을 가르치면서 무엇보다 내가 기쁘고 아이들도 책 읽기를 좋아하게 되고 글쓰기도 나날이 좋아지고 있어서 아이들을 잘 지도하는 능력있는 선생님으로 평가를 받고 있었다. 그때는 각 학교마다 글쓰기에 중점을 두고 교육하고 행사도 많이 하던 때여서 나와 함께 수업하는 아이들이 학교에서 글짓기 관련 상장을 휩쓸어 오던 때였다.

나에 대한 이야기를 듣고 현선이 엄마가 먼저 연락해서 만남이 이루어진 자리였다. 그런데 처음 만난 현선이에게 '너에게 내가 가르쳐 줄 게 없어'라고 말하면 내 자존심이 상할 것 같았다. 그렇다고 아이의 능력을 더 발전시켜주지는 못할망정 그 능력을 펼치지 못하게 붙잡아 둔다면 그건 교사로서의 양심에 어긋나는 행동이었다. 아이의 노트를 자꾸만 들쳐 보다가 마음을 정했다.

"현선아, 선생님이 네가 쓴 글을 보니까 너는 재능을 타고난 것 같아."

"글 쓰는걸 좋아해요."

"내 생각에는 내가 너에게 가르쳐줄 수 있는 게 많지 않을 것 같아. 나보다 더 훌륭하고 전문적인 선생님께 배우는 게 너에게는 더 도움이 될 것 같아."

"예…"

"내가 좀 알아보고 현직 작가나 교수님께 얘기해 볼게."

"그런데 저는 그냥 선생님하고 수업해 보고 싶어요."

"왜?"

"글 쓰는 기술보다는 제가 마음을 열 수 있는 선생님이 필요하다고 생각했거든요."

그 말을 듣는데 갑자기 눈물이 났다. 이 아이가 무엇이 중요한지 본질을 볼 수 있다는 것이 너무 기쁘고 감동이었다.

나에게 수업을 받기 위해 상담을 요청한 부모님들은 대부분 글 쓰는 기술을 빨리 익힐 수 있기를 바랐다. 글을 통해 아이의 심리 상태나 관심사가 나타난다고 설명해도 이론적으로는 이해하지만 현실적으로는 학교에서나 외부 행사에서 성과가 나타나는 것을 부모님은 더 원했다. 그래서 나와 수업하는 아이들이 학교에서 거둔 성과에 더 큰 관심을 보였다. 상담할 때마다 부모님들은 나와 수업하는 누구누구가 이번에도 학교 글짓기에서 상을 받았다는 이야기를 꼭 했다. 그럴 때면 내 마음이 무거웠다.

그런데 현선이는 내가 강조하는 부분을 자기가 먼저 나에게 제시한 것이다. 마음이 가벼워졌다. 더 열심히 준비해서 하나라도 더 가르쳐주고 싶은 열정이 솟았다. 그런 나의 마음을 온전히 받아들인 현선이는 날이 갈수록 정말 멋진 아이로 성장해갔다. 현선이와 함께 수업하는 시간이 너무 즐겁고 행복했다. 현선이도 그 시간이 기다려진다고 했다. 아이들을 가르치는 교사로서 가장 보람을 느끼는 순간이었다. 그렇게 현선이가 6학년을 졸업할 때까지 함께 수업했다. 수업하는 내내 점점 완성되어가는 현선이의 추리소설을 함께 읽고 즐거워했다. 결국 마무리를 못하기는 했지만.

현선이는 자기가 원했던 와부중학교에 입학했다. 기숙사 생활을 하는 학교에 들어갔기 때문에 더 이상은 함께 수업할 수 없었다. 시간이 흐르면서 가끔씩 전해오던 소식이 끊겼다. 현선이 엄마를 통해 현선이가 지금은 미국에서 살고 있다는 소식을 들은 지도 꽤 오래전이다. 소리없이 웃던 현선이의 고운 얼굴이 생각난다.

3
왜 읽어야 하는가

지금부터 각자 몇 분 동안 책을 읽어야 하는 이유를 생각해보자. 깊이 생각하지 않아도, 오래도록 생각하지 않아도 줄줄이 이야기할 수 있을 것이다. 생각의 폭을 넓히기 위해서, 다양한 사람들의 다양한 생각을 듣기 위해서, 간접 경험을 쌓기 위해서, 생각하는 힘을 기르기 위해서, 똑똑해지기 위해서, 공부를 잘하기 위해서, 교양있는 사람이 되려고 등.

책을 읽어야 하는 이유를 모르거나 부정하는 사람은 없을 것이다. 어릴 때부터 부모님, 선생님, 선배들로부터 책을 읽어야 한다는 이야기를 귀에 못이 박히도록 듣고 자랐다. 책 읽기가 모든 일에 앞서 중요하고 뒷받침되어야 한다는 것도 누구나 알고 있다. 하지만 현실은 그렇지 못하다.

4월 23일은 셰익스피어와 세르반테스가 사망한 날이다. 유네스코에서는 1995년에 독서 출판을 장려하고 저작권 제도를 통해 지적 소유권을 보호하기 위해 4월 23일을 '세계 책의 날'로 지정했다. 발렌타인데이, 화이트데이 등 상술로 만들어진 각종 기념일은 잘 알고 있지만, '세계 책의 날'은 대부분이 모르고 있다.

우리나라 국민의 독서량이 세계 꼴찌에 가깝다는 것은 누구나 알고 있는 사실이다. 아이들에게 이런 이야기를 하면 아이들은 굉장히 우쭐해진다. 왜냐하면 자기들은 나와 함께하는 수업을 통해 일주일에 한 권씩, 적어도 일 년에 50권 이상의 책을 읽고 있으니 우리나라의 평균 독서량은 자기들 덕분에 조금이라도 올라간 것이라고 주장한다. 그러면서 책을 읽지 않는 부모님을 들먹이며 어른들의 독서량 부족에 대해 자신들의 우월함을 적극적으로 성토한다. 마냥 귀엽고 순수한 모습이다.

'百聞不如一見'이라는 말처럼 백 번 듣는 것보다 직접 한 번 경험해 보아야 확실히 알 수 있다. 책 읽기의 중요성을 백 번 듣는 것보다 스스로 한 번 책 읽기에 빠져 보는 것이 더 강력하고 효과적이다.

나 때문에 망했을까

나이 서른이 다 되도록 이렇다 할 특별한 재능도 없고 탄탄한 직장도 없이 그저 그렇게 살고 있었다. 보습 학원에서 아이들에게 수학을 가르치고 있었지만 그것이 내 천직이라는 생각은 없었다. 학원에서 사용하는 교재 말고 몇 권의 문제집을 사서 복사해 아이들에게 나눠주고 설명하는 열성은 있었지만, 수학을 가르치는 일이 좋은 건 아니었다. 그저 성실한 성향이기에 현재 하고 있는 일에 최선을 다하자는 생각으로 내가 할 수 있는 만큼 하면서 하루하루 시간을 죽이고 있을 뿐이었다. 내가 열심히 하니까 당연히 아이들의 성적도 올라서 부모님들도 좋아하고 원장님도 만족해 하셨다. 하지만 나는 일하러 가는 시간이 다가오는 게 너무 싫었지만, 단 하나 위로가 되는 것은 내가 아이들을 좋아해서 아이들과 함께 많은 시간을 보낸다는 사실뿐이었다.

"오늘도 또 나 자신을 속이고 아이들과 함께해야 하는구나. 나는 수학 전공자도 아니고, 수학을 잘 하지도 못했는데. 그저 조금 먼저 배웠다는 이유로 이 일을 해야 한다니…"

날마다 반복되는 자괴감과 아이들에 대한 죄책감에 하루하루 눈을 뜨고 새 날을 맞이하는 것이 너무 힘들었다. 그러다 더 이상은 버틸 힘이 없어서 학원을 그만두기로 결심했다. 학원 원장님은 성실한 나의 태도를 보고 극구 만류했지만 더 이상 자신을 속이고 싶지 않았다. 앞으로는 아침을 우울하게 시작하고 싶지 않았다.

"오 선생, 대부분 사람들이 자기가 원하는 일을 하면서 살지 못해. 그리고 누구보다 열심히 수업 준비하고 아이들도 좋아하고 성적도 많이 올려 놓고 학부모들도 좋아하는데 왜 그래? 그냥 조금 참아. 인생이 그렇게 호락호락하지 않다는 걸 아직 몰라서 그러는데, 오 선생,

이러는 거 아직 젊다는 거야."

하지만 나는 더 이상 남의 자리에 있고 싶지 않았다. '안정적인 월급'이라는 틀에 갇혀서 내 인생을 허비하고 싶지 않았다. 원장님의 충고를 뿌리치고 일을 그만뒀다. 그렇게 몇 년 동안 하던 일을 그만두고 나니 당장 내가 할 일을 찾아야 하는데, 그것이 무엇인지 알 수 없었다. 수학 학원에서 아이들을 가르치게 된 것도 우연히 시작된 일이고, 그 일을 계속한 가장 큰 이유는 경제적인 안정이 우선이었기 때문이다. 내가 무엇을 해야 하는지, 할 수 있는지를 생각하기 전에 빨리 돈을 벌어야 한다는 생각이 몇 년 동안 일할 수 있었던 이유였다. 수학 학원에 다닐 때는 그렇게 느리게 흘러가던 시간이 실업자가 되니 어찌나 빨리 흐르던지. 그동안 모아 놓은 얼마 되지 않는 돈은 그야말로 손가락 사이로 모래가 빠져나가듯 스르륵 빠져나갔다. 나이 서른이 다 되었는데 실업자로 있으니 부모님 보기도 민망하고 수중에 돈이 없으니 친구를 만나는 것도 피하게 되었다. 무엇보다 나 자신이 너무 무능력한 사람이 된 것 같은 절망감이 나를 힘들게 했다. 무엇을 해야 할지를 모르니 어디로 가야 하는지 전혀 방향을 잡을 수 없었다.

날마다 도서관에 가서 책을 읽고 이루지 못한 꿈으로 남아있는 심리학 공부를 더 해서 심리학자가 되고 싶은 마음에 이것저것 자료를 수집하는 게 전부였다. 기껏 수집한 자료에 따르면 우리나라에서 심리학자가 된다는 것 역시 쉽지 않은 길이라는 결론에 이르렀다. 그것이 '진정으로 내가 하고 싶은 일인가?'라는 질문을 자신에게 계속 던져보니 그 것도 '아니다'라는 결론이 나왔다.

그러다 보니 점점 마음이 조급해졌다. 그래서 내가 원하는 일을 하 겠다던 호기는 어디론가 슬며시 자취를 감추고 이제는 어떤 일이든지 맡겨만 주면 하겠다는 비굴한 생각이 들었다. 그러면서도 잘난 자존심 에 다니던 학원으로 돌아가고 싶지는 않았다. 또 그 세계가 워낙 좁아 서 내가 다른 학원으로 간다고 해도 금방 알게 될 테니 그것만은 피하 고 싶었다. 나에게 남은 마지막 자존심이랄까.

그렇게 2년여 동안 이곳저곳을 헤매고 다니는 직장 생활이 계속됐 다. 그런데 신기하게도 내가 들어간 회사마다 얼마 지나지 않아 문을 닫는 일이 생겼다. 인테리어 회사에 내가 입사했을 때는 입사 3개월만 에 회사가 문을 닫았다. 설계 사무실에 다닐 때는 한 달이 조금 지나고 그만 두어야 한 적도 있었다. 물론 그때 나는 일반 회사를 다녀 본 적도 없어서 내가 할 수 있는 일도 없고, 어떤 일을 해야 하는지도 몰라서 그 저 시키는 여러 가지 잡다한 일을 하는 것이 내 몫이었다. 은행에 가고, 손님 오시면 차 대접하고, 사무실 청소하고.

내가 들어간 회사는 대부분 영세한 소기업이었다. 그래도 미래를 낙 관하기 때문에 새로 직원을 뽑았을 텐데 자꾸만 내가 일하던 회사가 문 을 닫으니 그렇잖아도 자존감이 바닥으로 추락해 있던 나로서는 "내가 불행의 '원흉'인 것은 아닐까?"라는 생각까지 하게 되었다. 지금 돌아

보면 말도 안 되는 얼토당토한 생각이지만, 그때는 나름 꽹장히 심각하게 고민했었다. '넘어져도 코가 깨진다'는 말처럼 '나처럼 지지리도 운이 없는 사람이 또 있을까'라는 생각도 들었다. 어느 날 옆 사무실에서 일하던 직업군인 출신 사장님이 인생살이에 대해 이런저런 이야기를 하다가 나에게 물었다.

"미스 오, 저 버스정류장에서 껌 파는 사람이 하루에 얼마를 벌고 있을까?"

"예?"

"껌을 하나 팔면 10원이 남는데, 하루에 10개를 팔면 얼마를 벌 수 있을까? 그 사람 자기 가게를 차리는 게 소원이라던데."

"그럼 100원을 버는 거죠. 그런데 100원 벌어서 언제 자기 가게를 차리겠어요?"

"그런 상황에서 미스 오는 껌을 계속 팔 거야, 안 팔 거야?"

"다른 일을 해서 돈을 많이 벌어야지 껌 팔아서 뭐가 되겠어요. 저는 그렇다면 껌 안팔 것 같아요."

"하루에 10개씩 30일을 팔면 얼마를 버는 거지?"

"3천 원이죠."

"틀렸어. 3천 원이 아니고, 3만 원, 30만 원도 될 수 있어. 잘 생각해봐. 인생은 그렇게 계산되는 게 아니야."

"에이, 말도 안 돼요. 그런 엉터리 계산이 어디 있어요?"

"미스 오보다 좀 더 오래 인생을 살아 온 내가 터득한 거야. 인생이란 하나 더하기 하나는 둘이라는 단순한 계산으로 움직이는 게 아니야. 그러니까 잘 생각해보고 자네도 여기에서 시간 낭비하며 지내지 말고 자신의 자리를 찾아봐. 내가 옆에서 몇 달 지켜보고 하는 말이야."

그날 나는 완전히 충격 상태였다.

'내가 무엇 때문에 지금 이 자리에 있는 것인가?'

'내가 진정으로 하고 싶어 하는 일은 무엇인가?'

'나는 정말 간절한 마음으로 변화를 원하고 있는가?'

'나 자신에 대해 얼마나 알고 있고, 솔직한가?'

결국 그 회사도 얼마 후 문을 닫았고, 나는 또다시 실업자가 되었다. 하지만 이번에는 마음이 조급해지지 않았다. 이번에야말로 정말 내가 원하는 일을 찾으리라 생각하고 스스로 위로해 주며 직장을 찾기 전에 '나 자신'을 찾는 일을 시작했다.

어릴 때부터 원칙을 중요하게 생각하고 변화에 빨리 익숙해지지 못하는 성격이라서 어른들이 시키는 일을 열심히 했다. 학생은 당연히 공부해야 하는 거니까 최선을 다해 공부했고, 자식을 위해 고생하시는 부모님을 실망시켜드리면 안 된다고 생각해서 사춘기 때도 나쁜짓 한 번 안했다(나만의 생각일 수 있음). 마음속에 불만이 있어도 혼자 참고 가슴속에 담아 놓았다. 특별히 잘하는 일은 없었지만 크게 말썽부리지 않고 자라서 늘 '착한 아이', '생각이 깊은 아이', '어른스러운 아이'라는 소리를 들었다. 그렇게 평범한 아이로 자라는 것이 올바른 길인 줄 알았다. 내가 하고 싶은 것이 무엇인지 깊이 생각해 보지 않고 주어지는 일을 하면서 지금까지 살아왔다.

그러다 처음으로 진지하게 나 자신을 돌아보게 되었다. 그 과정이 결코 쉽지도 즐겁지도 않았다. 착한 아이로 살아오면서 억눌렀던 원초적인 감정들이 화산처럼 폭발했다. 가난해서 돈 벌기 위해 바쁜 부모님을 대신해 초등학생 때부터 동생들을 보살펴야 했던 '어린 아이'가 자기도 보살핌을 받고 싶었다고 소리쳤다. 피아노 배우고 싶다고 몇 달을 고민한 후에 엄마한테 말했을 때 1초의 망설임도 없이 한마디로 거절한 엄마가 너무도 밉고 야속했다. 꾹꾹 눌러 놓고 살았던 다양한 감정들이 시도때도 없이 밀려와서 나를 흔들었다. 때론 울고, 때론 웃고, 때론 소리치면서 점점 나 자신의 내면 깊숙이 들어가 진정한 나 자신을 만났다. 스스로 상처받은 자신을 위로해 주고, 스스로 선택했던 '어른다움'을 내려놓기 시작했다. 조금씩 자신을 편안하게 바라볼 수 있게 되었다. 그러면서 바닥으로 추락했던 자존감이 서서히 올라오기 시작했다. 어떤 일을 해서가 아니라 나는 '존재' 자체로 소중한 사람이라는 인식이 조금씩 생겼다. 내가 할 수 있는 것과 할 수 없는 것들을 인정하고 나니 용기가 생겼다. 지금까지 나를 채용했기 때문에 망했다고 생각했던 회사는 내 탓이 아니라 그 회사의 문제라고 생각할 수 있게 되었다. 나 때문이 아니라 나 덕분에 이 세상이 의미있는 곳이라고 생각할 수 있게 되었다.

24만 원, 그래도 괜찮아

끊임없이 자신의 내면을 바라보면서 '나'에 대한 정의를 내렸다.

* 나는 아이들을 좋아한다. 아이들과 함께하는 일을 하고 싶다.

생각해보니 어렸을 때 꿈이 선생님이었는데, 가정 형편상 나보다 공부를 훨씬 더 잘하는 바로 아래 동생과 함께 대학에 들어갈 수 없어서 동생에게 양보했다. 나는 나중에 다시 공부하겠다고 하면서 슬그머니 교대에 들어가는 것을 포기했다.

* 나는 한 가지 일을 꾸준하게 하는 것을 잘 한다.

계획을 세우면 포기하지 않고 오랫동안 하는 편이다. 똑같은 일이 반복되어도 지루해하지 않고 계속할 수 있다.

* 나는 글 쓰는 것을 좋아한다.

어릴 때에는 그림일기부터 시작해서 지금까지 날마다 일기나 메모를 했다. 주제, 장르, 형식에 상관없이 글 쓰는 것을 좋아한다. 잘 쓰는 것과 좋아하는 것은 다르다. 잘 쓰지는 못하지만 메모하고 글 쓰는 시간이 가장 행복하다.

* 나는 갑작스러운 변화에 잘 적응하지 못 한다.

내가 계획했던 일정에 변경이 생기거나 예상치 못한 일이 생기면 당황하고 변한 상황에 대해 화가 난다. 그러니까 여러 가지 상황을 대비해 철저하게 준비해야 한다.

이렇게 자신에 대해 인정하고 정리하니 이제부터 무엇을 해야 할지 조금씩 확실해졌다.

'내가 좋아하는 것, 잘 하는 것에 집중해야겠다. 나의 장점을 활용할 수 있는 일을 찾아야겠다.'

그렇게 생각하니 범위가 좁혀졌다. 아이들을 대상으로 하는 글쓰기와 관련된 일을 해야겠다는 결론을 얻었다. 그때까지만 해도 학원에서 아이들에게 영어, 수학은 가르쳐도 글쓰기를 가르치는 곳은 거의 없었다. '한우리'라는 글쓰기 업체가 있었지만 활성화되어 있지 않았다. 국어를 가르치는 학원은 입시생을 대상으로 하는 학교 성적을 위한 학원이었다.

그러던 중 수원에 있는 '글사임당'이라는 소규모 사업장을 알게 되어 전화로 이것저것 물어본 후 직접 찾아갔다. 서울에서 수원까지 버스와 전철을 타고 왕복 6시간이 걸리는 곳을 다니며 교육을 받았다. 글사임당은 아이들에게 동화책을 빌려주고 글쓰기를 지도하는 회사였다. 초창기 회사이고 규모도 작은 곳이었지만 선생님들이 열정을 다해 커리큘럼을 만들고 서로 정보를 공유하면서 지도하는 활기 넘치는 회사였다. 서울에서 수원까지 출·퇴근하는 길이 멀어 힘들었지만, 처음으로 이것이 바로 내가 찾던 일이라는 생각이 들었고 아침이 기다려지는 두근거림을 경험했다.

어릴 때부터 책을 유난히 좋아해서 많이 읽었다거나, 시간 가는 줄 모르고 책을 읽다가 어느새 새벽이 되었다는 등 책에 파묻혀 지낸 사람은 아니다. 그림 그리기 보다는 책 읽기가 좀 더 쉬웠고, 책 읽는 것보다는 노는 것이 더 좋은 평범한 아이였다.

내 기억 속에 가장 첫 번째 남아있는 책은 초등학교 2학년 때 선생님이 빌려주신 그림책 《이솝우화》이다. 미술 시간에는 무엇을 어떻게 그려야할지 몰라 그림을 제대로 그린 적이 별로 없었다. 그런 나를 위해 담임선생님은 수시로 책을 빌려 주셨고, 그림을 못 그려도 야단치지 않았다. 그날도 학교에서 가까운 곳에 있는 '궁산'으로 야외학습을 갔다. 아카시아꽃이 한창이어서 온 세상에 달콤한 향이 진동하고 햇살도 따뜻한 날이었다. 선생님은 거기에서 자기가 그리고 싶은 것을 그리라고 하셨다. 나는 한강이 내려다보이는 곳에 자리 잡고 선생님이 빌려주신 《이솝우화》를 읽었다. 그 책을 읽으면서 느꼈던 마음의 평화와 눈앞에 펼쳐진 책 속 염소떼의 모습은 지금도 생생하게 떠오른다.

글 사임당에 다니면서 동화책을 엄청나게 많이 읽었다. 기나긴 출·퇴근 시간은 오히려 나에게 책을 읽을 수 있는 소중한 시간이 되었다. 전철에 앉아 책을 읽다 보면 어느새 목적지에 도착해 있었다. 날마다 전철 안에서 동화책 5~6권은 읽었다. 아이들에게 책을 빌려 주고 읽게 한 후 독후감 쓰기를 지도해야 하는데, 내가 그 책의 내용을 모른다면 어떻게 아이들을 지도할 수 있겠는가? 동화책을 읽으면서 내용을 좀 더 잘 전달하고 싶은 마음에 입시 때보다 더 열심히 공부했다. 읽은 책의 내용을 꼼꼼히 기록하고, 책의 내용에 대한 질문지를 만들고, 토론 거리를 뽑아내고, 글감을 찾았다. 한 권 한 권의 책을 그렇게 기록하고 정리하니 책 한 권이 통째로 머릿속에 들어가는 것 같았다.

이렇게 책을 내 것으로 만드는 과정이 너무 행복했다. 책 속에 빠져들면 정말이지 다른 생각은 하나도 안 들고 마냥 행복했다. 특히 소설과는 달리 동화책이 주는 순수함은 그야말로 내 영혼을 치유해 주는 느낌이었다. 그리고 동화라고 해서 수준이 낮지도 않았다. 나는 동화를 통해 정보와 지식뿐만 아니라 인생살이의 많은 것을 배웠다. 그렇게 1년 반 정도의 시간이 흘렀다. 그때는 '독서 지도'에 대한 인식이 별로 없을 때였다. 그렇다보니 이 일을 하는 것이 나 자신이 행복하기는 했지만 절대로 수입이 되는 일은 아니었다. 수습 기간이 끝나고 처음 받은 월급이 24만 원이었다. 서울에서 수원까지 교통비로도 부족한 금액이었다. 물론 그 이후에 조금씩 나아지기는 했지만 경제적인 어려움이 계속됐다.

수업은 보통 아이들이 학교에서 돌아온 후에 시작한다. 한 명과 수업하고, 또 다른 학생과 수업하기 위해서는 몇 시간을 기다려야 했다. 그런데 돈도 없고 갈 곳도 없는 나는 아파트 계단에 쭈그리고 앉아 책을 읽을 때가 많았다. 구차한 모습이 혹시 학부모들의 눈에 띌까봐 수업하는 장소에서 최대한 떨어져 있는 아파트의 맨꼭대기 층에 가 있었다. 그래도 어떻게 하면 '아이들에게 더 좋은 것을 전달할까?' '어떤 방법으로 수업을 진행하는 것이 좋을까?'라는 생각을 끊임없이 하면서 메모하고 다음 수업에 적용해 보곤 했다. 수업 받는 아이들에 관한 파일을 만들어 사소한 내용이라도 빠짐없이 메모하고 확인했다.

수강생이 늘지 않아 경영이 어려워지자 결국 회사 문을 닫기로 결정했다. 또다시 나의 악몽이 시작되는 것일까? 회사에서는 학부모들께 이 사실을 알렸다. 그런데 나에게 수업을 받던 아이의 부모들은 회사가 문을 닫더라도 개인적으로라도 계속 수업을 받고 싶다고 했다. 그래서 나는 이 일을 계속하기로 마음 먹었다. 그렇게 하려면 많은 준비가 필요했다. 그동안은 회사에서 구입한 책을 아이들에게 빌려주고 수업을 했지만 당장 그 많은 책을 내가 구입해야 했다.

글사임당은 작은 회사였기에 커리큘럼이 제대로 짜여 있지 않았다. 몇몇 교사들이 교재연구팀을 만들어 커리큘럼을 짜고 그것을 1주 전에 선생님들에게 교육시켜서 수업을 진행하는 방식이었다. 당장 수업 프로그램을 만들어야 했다. 그나마 나도 교재연구팀에서 1년 정도 함께 했기에 앞으로 어떻게 해야 할지 대충 감을 잡을 수는 있었다. 그러나 여러 사람의 아이디어를 모아서 할 때와 별로 똑똑하지 않은 나 혼자 하는 것은 다를 수밖에 없어서 걱정이 되었다. 하지만 이제는 더 이상 망설일 필요가 없었다. 왜냐하면 이 일을 생각만 해도 기분이 좋고 가슴이 뛰었으니까.

그렇게 해서 2001년 가을부터 '독서지도사'로서의 프리랜서 생활이 시작되었다.

처음에는 정말 미친 듯이 일했다. 한번도 경험해보지 못한 열정으로 책을 읽고, 커리큘럼 짜고, 다른 프로그램 자료를 수집하여 비교하고, 새로운 시도를 해 보고, 스스로를 평가하였다. 그런데 무엇보다 수강생 모집이 중요했기에 아파트마다 다니면서 전화번호를 적은 꼬리표 전단지를 붙였다. 엘리베이터가 없는 아파트 1~2개 단지를 돌면서 전단지를 붙이고 나면 다리가 퉁퉁 부어서 신발이 들어가지 않았다. 꼬리표 전단지를 붙인 후 문의 전화라도 오면 그렇게 반갑고 기쁠 수가 없었다. 하지만 수강생이 빠르게 늘어나지 않아 수입이 너무 적어 새벽에는 신문 배달을 하였다.

나의 최대 장점인 성실함을 총동원한 시간이었다. 잠을 조금 덜 자도, 돈이 없어서 불편해도, 빚이 자꾸 늘어나도, 추위에 벌벌 떨며 밖에서 기다려도 자신이 초라하게 느껴지지 않았다. 내가 하고 싶은 일을 발견했고, 그 일을 하고 있다는 사실이 행복했다.

나의 그런 성실함과 행복감이 전해져서일까 점점 나를 찾는 사람들이 많아졌다. 여기저기서 나를 불러주셨다. 내가 지도하는 아이들이 좋은 성과를 계속 내고 있고, 그 성과는 또 다른 성과로 이어졌다. 어느 순간부터 나는 대기자를 받아 놓는 선생님이 되었다. 수업할 아이들을 기다리는 선생님에서 수업받고 싶은 아이들이 기다려야 하는 선생님으로 위치가 바뀌었다. 돈도 제법 많이 버는 선생님이 되었다. 그동안 힘들어도 포기하지 않고 열심히 한 것이 결국 열매를 맺었다.

지금도 끊임없이 고민하고 연구한다. 새로운 프로그램을 개발하고, 내 역량을 높이기 위해 노력한다. 세상이 변하면서 교육 방식도 변하기에 다양한 분야의 교육에 참석하고 책을 읽고 강의를 듣는다. 내가 노력하는 만큼 아이들에게 더 큰 것을 줄 수 있다고 믿기 때문에. 이렇게 기쁜 마음으로 지금까지 아이들의 독서 지도 선생님으로 일을 하고 있다. 내 나이 52세인 지금까지.

불안함과 초조함에서 벗어나다

"학교에서 피구 한다고 하면 좋아하지만 경기에서 지면 심하게 아쉬워하고 실망하는 나 자신에게 '나는 과연 피구를 좋아하는 것일까?' '남을 이기는 것을 좋아하는 것일까?' 하는 질문을 던져 보았다. 남과 경쟁만 하다 보면 나를 되돌아보고 내가 잘못한 일을 생각할 기회가 없어진다. 남과의 경쟁은 나를 지치게 하고 더 발전시킬 수 없게 한다. 그래도 남과의 경쟁을 적당히 하는 것은 괜찮다. 다만 나는 경쟁을 많이 하니 줄여야겠다. 그리고 남과 비교하면 자신의 삶이 슬퍼지니 하지 말아야겠다. 또 남과 비교하다 보면 어느새 나는 비교하던 친구와 경쟁하게 된다." (초 6 아들이 쓴 '경쟁'에 대한 글)

아이는 5세 때 심한 '분리불안'을 보였다. 나는 내가 찾은 일을 하는 것이 즐겁고 행복했고 경제적으로도 도움이 되었기에 아이를 낳고도 계속 일하고 싶은 욕심에 친정 부모님께 아이를 돌봐달라고 부탁했다. 그래서 친정 부모님이 우리와 함께 살면서 전적으로 아이를 키워주셨다.

어렵게 태어난 손자는 할머니 할아버지에게 귀하고 귀한 존재였다. 특히 할머니는 아이가 눈을 뜬 순간부터 잠들 때까지 온전히 아이에게 맞춰서 생활했다. 아이가 태어난 이후부터 할머니의 개인적 시간은 사라졌다. 할머니는 아이 돌보랴, 집안 살림하랴, 잠시도 쉴새없이 일하셨다. 날마다 밤늦게까지 일하는 딸이 안쓰러워 조금이라도 더 쉬게 하고 싶은 엄마의 마음으로 아이가 울기라도 하면 얼른 밖으로 업고 나가셨다.

온 가족이 지극 정성으로 아이를 키워도 아이는 유난히 엄마에게 매달렸다. 내가 수업하러 나갈 때면 아이는 할머니 등에 업혀 내가 사라져서 보이지 않을 때까지 오래도록 울었다. 내가 집에 있을 때에는 한순간도 나에게서 떨어지지 않으려고 해서 아이를 업고 화장실에 간 적도 많다. 아이가 원하는 대로 비위를 잘 맞춰줘도 아이는 고집을 부리고 화를 내기 일쑤였다. 입이 짧고 천식이 심한 아이 때문에 할머니는 여간 힘든 게 아니었다. 그래도 할머니는 힘들다는 표를 낸 적이 없으셨다.

그렇게 성장하던 아이가 어느 날부터 이상한 행동을 보이기 시작했다. 눈을 계속 깜빡거리고 킁킁 거리는 소리를 냈다. 힘든 할머니를 조금이라도 쉬게 해드리고 싶어서 아이를 어린이집에 보냈는데, 그때부터 생긴 현상이다. 아이를 어린이집에 보내려면 전쟁을 치러야 했다. 그럴 때면 '이렇게까지 하면서 내가 계속 일을 해야 하나?'라는 갈등도 생겼지만, 시간이 지나면 해결될 것이라고 생각했다. 울고 뒤집어지는 아이를 억지로 잡아 끌어서 어린이집 차에 태우고 나면 기운이 쏙 빠졌다. 그렇게 단 몇 시간만이라도 할머니에게 자유를 주고 싶었지만 할머니의 마음은 편치 않았다. 울고 떼쓰면서 어린이집에 가기 싫어하는 아이를 그만 보내라고 나에게 화를 내셨다.

이런 상황에서 아이가 틱증상을 보였다. 여기저기에 알아보고 난 후 아이를 데리고 '정서검사'를 받으러 갔다. 그 결과 아이는 기질적으로 고집이 세고 애착 욕구가 강한 것으로 나타났다. 애착 욕구가 강한 아이에게 그 욕구가 채워지지 않아 보이는 현상이라고 했다. 그러면서 사람들은 양보다 질이라고 하지만 어떤 아이는 질보다 양이 더 필요한 경우가 있는데, 바로 우리 아이가 후자에 속하는 성향을 갖고 있다는 것이었다. 의사의 설명을 듣는 동안 눈물이 쏟아졌다.

'과연 나는 무엇을 위해 일하는 건가?'

'부모로서 나는 자격이 있는 건가?'

'이 상황을 어떻게 해야 하나?'

'이런 아이를 내가 계속 몰아붙였으니 아이는 얼마나 힘 들었을까?'

의사의 권유대로 놀이치료를 시작했다. 그리고 아이와 협상하라는 의사의 권고대로 집에 돌아와서는 아이와 마주 앉았다.

"재민아, 엄마가 일하는 게 싫어?"

"응"

"엄마가 일 안하고 재민이랑 계속 같이 있으면 좋겠어?"

"좋아!!"

"그런데 엄마는 일 하는 게 즐거워. 그리고 엄마는 일할 때 행복해. 그런데 엄마에게는 재민이도 소중해."

"…"

"그러니까 엄마가 일하는 날을 조금 줄이고 재민이랑 함께 있을게.

엄마가 조금 양보할 테니까 재민이도 조금 양보하면 어떨까?"

"응 좋아. 신난다."

너무 신기했다. 고작 다섯 살밖에 안 된 아이가 내 말 뜻을 이해했다. 아이의 의견을 존중하고 내 의견을 말하니까 아이가 그것을 받아들였다.

나는 일주일 내내 일하던 것을 5일로 줄였다. 주중에 2일은 아이와 함께 보냈다. 놀이치료를 병행하면서 집에 있는 시간에는 온전히 아이에게만 시선을 집중했다. 예전에는 집에 있을 때 책 읽고 수업 준비하느라고 아이와 온전히 함께 있지 않았었다. 같은 공간에는 있었지만 마음이 딴 데 가 있으니 아이를 방치한 거나 다름없었다. 그때 비로소 내가 지금까지 진정으로 아이를 키우지 않았다는 사실을 절감했다. 아이와 함께 보내면서 아이에 대해 하나둘 알아갔고 아이도 나에 대해 알아갔다. 함께하는 시간이 차곡차곡 쌓이면서 아이의 불안감은 눈에 띄게 줄어들었다.

아이가 아주 어릴 때부터 잠재우기 전에 항상 동화를 들려줬다. 그 시간을 아이는 제일 좋아하고 편안해 했다. 그래서 아이와 함께 있는 내내 잠자는 시간이 아니어도 아이와 함께 누워서 이야기를 들려줬다. 내가 읽은 동화책은 모두 이야기 거리로 등장했다. 동화를 통해 아이는 조금씩 정서적으로 안정되고 치유되었다. 내가 날마다 아이에게 들려줬던 이야기가 아이의 불안감을 해소하는데 크게 도움이 되었다. 이야기의 내용을 통해서도 그렇고, 이야기를 들려주는 시간 동안 부모와 함께한 공간과 신체적 접촉을 통해 아이는 안정을 얻었다. 아이의 분리불안은 선생님들의 예상보다 훨씬 빠르게 좋아졌고 틱도 사라졌다.

이제는 더 이상 놀이치료 하러 오지 않아도 된다는 말을 듣던 날, 아이와 함께 작은 케이크를 놓고 파티도 했다. 아이는 더 이상 내가 수업하러 나갈 때 울며 매달리지 않았다. 그 시간을 아주 흔쾌히 받아들이는 것은 아니지만 예전처럼 심하게 거부하지는 않았다. 아이는 그때부터 집에 있는 책을 장난감 삼아 가지고 놀기 시작했다. 책을 온 방에 꺼내서 성을 쌓기도 하고, 징검돌로 만들어 밟고 다니기도 하면서 책과 친해졌다. 글자를 모르기 때문에 그림을 보며 자기 혼자 이야기를 지어내서 가족들에게 들려줬다. 그 전까지는 책은 엄마를 자기에게서 빼앗아 가는 나쁜 것이라고 생각했었는데, 이제는 책이 재미있는 거라고 생각했다. 아이의 그런 변화가 너무 다행이고 감사했다. 가장 먼저 내 아이에게 독서의 좋은 영향을 보여줬어야 하는데, 부정적인 생각을 갖도록 방치하고 있었던 사실에 대해 반성하고 아이에게도 미안했다. 어느 날, 아이가 며칠 전에 나에게 들었던 이야기책을 책꽂이에서 꺼내 왔다. 그러더니 자랑스럽게 자기가 들었던 이야기를 나에게 다시 들려주는데 감동이었다. 그렇게 아이와 나는 책을 통해 더 가까워졌다. 아이는 지금도 잠자기 전에 나에게 옛날이야기를 들려 달라고 한다.

아이를 키우면서, 일을 하면서, 사람들과의 관계 속에서 예상하지 못한 어려움을 많이 겪으며 산다. 그런 상황에 부딪치면 마음이 불안하고 초조하다. 어떻게 해결할 수 있을지, 어떤 방법을 써야 할지, 잘 이겨낼 수 있을지 등등 복잡한 심정이 된다. 무엇보다 자기 자신을 위로해 주고 용기를 줄 수 있어야 하는데, 그럴 때 가장 큰 힘이 되는 것이 바로 독서다. 여러 분야의 책을 읽다 보면 현실에 바로 적용이 안 되는 경우도 많아서 의구심이 들기도 한다. 그런데 '가랑비에 속옷 젖는다'라는 속담처럼 꾸준히 독서를 통해 다양한 경험을 쌓은 내공이 어려움에 처했을 때 큰 힘을 발휘한다. 지금 어떤 일로 마음이 불안한가? 그렇다면 바로 책을 잡아라. 그리고 한 줄 두 줄 읽다 보면 마음이 안정되는 것을 느낄 수 있을 것이다.

주도적인 삶

'나는 진정한 의미에서 자신의 삶을 살고 있는가?'

같은 부모에게서 태어난 형제들이 생각이나 행동 방식, 취향이 너무 다른 모습을 보면 신기하기도 하다. 또 형제가 똑같이 생각하고 행동하는 것을 보면 역시 '피는 물보다 진하다'는 생각이 들기도 한다.

그렇다면 인간이 살아가는데 타고난 성격과 후천적인 환경 중 어느 것이 더 영향을 끼친다고 생각하는가? 각자 대답이 다를 것이다. 선천적으로 타고난 성격이나 기질이 더 큰 영향을 끼친다고 생각하는 사람들도 있고, 후천적인 교육과 환경이 더 큰 영향을 미친다고 생각하는 사람들도 있다. 이것에 대해서는 오래전부터 많은 학자들이 연구했지만, 이렇다 할 결론을 못 내린 것을 보면 아마 각자 처한 상황에 따라 이랬다저랬다 대답이 달라지기 때문이 아닐까? 나 역시 경우에 따라서 대답이 다르지만, 지금은 타고난 성격의 영향이 더 크다고 생각한다.

엄마 입장에서 보면 나와 비슷한 성격의 아이를 키우기가 조금은 수월할 것 같다. 나는 어른들 말씀 잘 듣고, 시키는 대로 하는 순종적이고 마땅히 지켜야 할 것들을 글자 그대로 지켜야 하는 원리원칙적인 성격을 가진 사람이다. 주어진 환경에 특별히 반항하지 않고 늘 같은 패턴으로 움직이므로 내가 다음에 어떻게 행동할지 예측이 가능하다. 그래서 어릴 때부터 어른들로부터 착하다, 기특하다, 성숙하다는 칭찬을 많이 들었다. 그 칭찬이 나를 더욱 옥죄었지만 그 사실을 깨닫기까지 오랜 시간이 걸렸다.

엄마는 항상 나에게 첫째니까 동생들에게 모범을 보여야 한다고 강조하셨다. 그래서 내가 잘못했을 때뿐만 아니라 동생들이 잘못했을 때도 언니라는 이유로 내가 혼났다. 어릴 때 내가 가장 많이 들었던 말이 '윗물이 맑아야 아랫물도 맑다'라는 속담이었다. 엄마는 항상 그 속담을 예로 들면서 나에게 모범을 보이라고 강조했다. 그 말씀을 지키기 위해 무던히도 애쓰며 살았다. 반대로 내 동생은 자유분방한 성격이다. 자기주장도 강하고 '원칙은 바꾸라고 있는 것'이라는 생각으로 아무렇지도 않게 원칙을 깨버리는 스타일이다. 자기가 하고 싶은 것이 있으면 집안 형편에는 전혀 신경 쓰지 않고 꼭 하고야 마는 성격이다. 좀 더 너그러운 아빠에게 애교를 부려서 얻어내든가, 할머니·할아버지께 얻어

내는 등 자신이 하고 싶은 일을 위해서는 온갖 수단과 방법을 동원하는 편이다. 반면에 나는 하고 싶거나 갖고 싶은 것이 있어도 우리 집 형편과 엄마의 기분 등 여러 가지를 생각하고 눈치를 보느라 말도 못 꺼내는 성격이다.

동생이 초등학교 저학년 때 없어져서 찾느라고 난리가 난 적이 있었는데, 동생은 세워져 있던 트럭 밑에서 기어 나왔다. 놀란 엄마가 등을 한 대 때리며 "왜 그랬냐?"고 물으니 "트럭 밑이 어떻게 생겼는지 궁금해서 들어갔는데 그만 잠이 들었다."며 오히려 자신을 좀 더 일찍 찾지 못했다고 가족들에게 화를 내기도 했다. 나는 동생의 그런 행동을 이해할 수 없었다. 이렇게 서로 다른 성격을 가진 우리는 자주 다퉜고 성장하면서도 자신의 성향을 잘 드러냈다.

어릴 때부터 해 온 대로, 별다른 어려움없이 주어지는 대로, 시키는 대로 그렇게 30여년을 살았다. 그런데 갑자기 브레이크가 걸렸다. '나는 정말 지금까지 내 삶을 주도적으로 살았을까?' '내 삶의 주인은 누구인가?' 뒤돌아보니 그동안 몸은 내 것이지만 정신은 남의 것인 삶을 살아왔다. '나'라는 사람이 내 인생 저 밑바닥에서 잔뜩 웅크리고 앉아 있었다. 남들이 보는 눈이 나의 행동을 결정하는 기준이 되었다. 내 눈으로 나를 바라보지 않고, 남들의 눈으로 나 자신을 바라보면서 나를 채찍질하고 있었다. 남들이 제시하는 것이 곧 나에게도 정답으로 적용되는 삶이었다.

옳고그름을 따지기 전에 남들은 어떻게 했는가를 먼저 찾아보고 그들이 한 방식으로 나도 움직였다. 내가 하고 싶은 일을 생각하기 전에 이 일을 하면 남들이 나를 어떻게 생각할까를 먼저 고민했다. 내가 가고 싶은 곳, 내가 먹고 싶은 것을 결정하기 전에 그곳에 가는 걸 가족들이 찬성할까를 먼저 고민했다. 식당에서 메뉴를 정할 때도 다른 사람들 눈치를 보며 '나도 그거'로 일축했다.

열심히, 성실하게 하루하루를 살았지만 만족도는 올라가지 않고, 날마다 힘들고 의욕마저 생기지 않았다. 그런데도 이유가 무엇인지를 몰랐다. 어느 순간부터는 하는 일마다 잘 안 됐다. 그러면 내가 더 열심히 살지 않기 때문이라고 자신을 나무라고 채찍질했다. 가슴이 답답하고 우울했다. 찬란하게 빛나야 하는 젊은 시절을 이렇게 보내고 있다는 사실이 억울하기도 했다. 그러면서도 무엇을 어떻게 해야 할지도 모르고, 이렇게 스스로 힘들어 하고, 바보같이 여기는 내 모습을 다른 사람들이 눈치 챌 까봐 전전긍긍했다. 정말 바보 같은 행동이었다. 계속 이렇게 살 수는 없다는 생각이 들었다.

그래서 인간관계, 심리학, 대화법에 관련된 책을 읽기 시작했다. 책에서 공통적으로 하는 말은 '자신의 참 모습을 찾아라!'였다. 하지만 지금까지 살아온 삶의 방식을 바꾼다는 것이 쉬운 일은 아니었다. 한 발자국 조심스럽게 내디뎠다가도 다시 원래의 방식으로 돌아오기를 반복하고 있었다. 낯선 것을 받아들인다는 것이 얼마나 힘든 일인지….익숙함에 길들여진 나는 그 익숙함이 결코 바람직하지 않다는 사실을 알면서도 익숙함에서 벗어나기가 힘들었다. 불안하고 무서웠다. 혹시 이렇게 낯선 길에 들어섰다가 지금보다 더 나쁜 상황으로 빠지게 되는 것은 아닐지 걱정스러웠다. 무엇보다도 낯선 것에 도전하려는 나를 응원해 주는 사람이 없었다. 아니 응원해 주는 사람이 없었던 게 아니라 응원을 보내달라고 가족에게, 친구에게 나를 개방하지 않았던 것이다.

나 자신의 참모습을 찾아가는 여정에서 첫 번째로 부딪치게 된 것이 '가정에서의 나'였다. 마음속 깊이 묻어 두었던 부모님과 형제들에게 느꼈던 서운함을 이야기하면서 서로 큰소리를 내기도 하고, 잠깐 분위기가 어색해지기도 했다. 묵은 감정이 폭발하면서 서로에게 상처를 주기도 했다. 울기도 하고 웃기도 하고 위로받기도 했다. 너무 달라진 내 모습에 가족들은 약간 놀라워했다. 슬금슬금 내 눈치를 보며 예측할 수 없게 된 내 행동을 예의주시했다.

그렇게 하루하루 시간이 흐르면서 마음이 조금씩 정리되고 안정되어 가기 시작했다. 수많은 이야기를 통해 내가 아무리 어른스럽게 행동했다고 해도 아이는 아이일 뿐이라는 사실을 알게 되었다. 나 혼자 희생한 척, 억울해 했던 것이 얼마나 어이없고 교만의 또 다른 형태였는지를 조금씩 깨닫게 되었다. 부모님의 자리가 얼마나 크고 넓은지, 표현되지 못한 사랑이 얼마나 많은지도 알게 되었다. 동시에 내가 많은 부분 잘못된 기억을 갖고 있다는 것도 알게 되었다. 나 혼자 사실이라고 철석같이 믿고 혼자서 억울해 하고 상처로 간직하고 있었던 사건이 엄마와 이야기를 해 보니 완전 반대의 상황이었던 적도 있었다.

그렇게 하나하나 자신의 모습을 찾아가기 시작했다. 한번 물꼬가 터지니 예상보다 수월하게 일이 진행되었다. 그러면서 가장 먼저 내 마음이 편안해졌다. 내가 소중한 존재라는 사실을 조금씩 느끼기 시작했다. 사랑받고 있다고 느끼니 잘못된 일이 생겨도 돌아갈 곳이 있다는 든든함이 생겼다. 조금씩 타인의 눈과 잣대를 버리고 내 마음의 소리에 귀를 기울이기 시작했다. 그러니까 내가 진정으로 원하는 것이 무엇인지 알 수 있었다. 이런 과정을 겪는 동안 책은 나에게 든든한 동반자였다.

《바보 빅터》에서 테일러 회장이 빅터에게 해준 말처럼 스스로 자신을 믿지 못한다면 내 삶을 온전히 살 수 없다. 스스로 자신을 믿는 다는 것이 무슨 뜻일까? 바로 자기 자신을 잘 안다는 것이다. 자신을 잘 알기 위해서는 자신의 내면을 잘 살펴야 하고 자신의 목소리에 귀를 기울여야 한다. 그 목소리에 귀를 기울이고 자신이 선택한 삶을 살아가는 것이 주도적인 삶의 첫걸음이다. 남들이 만든 틀에 따라 살지 말고 자신만의 방법을 따라 살면 행복을 느낄 수 있다. 내가 먼저 자유롭게, 주도적으로 살아야 우리 아이들에게도 그렇게 하라고 말할 수 있으니까.

엉뚱 에너지 발산

책을 읽다 보면 그날의 기분에 따라 다가오는 구절이 다르다. 같은 책을 읽어도 내가 처한 상황에 따라 다르게 해석되기도 하고 처음 보는 듯 낯선 부분도 있다. 어떤 책은 도서관에서 여러 번 빌린 적도 있었다. 책 표지나 제목을 보고 읽어야겠다는 마음으로 빌려왔는데, 몇 장 넘기면 왠지 익숙한 느낌이 들고 조금 더 읽으면 예전에 읽었던 기억이 난다. 처음에는 기억력이 부족한 나 자신이 한심해 보였다. 얼마나 정신이 없으면 같은 책을 다시 빌려 온단 말인가? 겉표지가 비슷한 책이 많으니 같은 책을 다시 빌려온 건 그렇다쳐도 목차나 내용을 대충 훑어보고도 기억이 나지 않았다니. 도대체 책을 제대로 읽기나 한 건지. 그런 생각으로 자신을 다그치고 한심하게 생각하며 자신에게 화가 나기도 했었다.

그런데 나 자신에게 조금 여유를 주었더니 이런 상황도 웃어넘길 수 있게 되었다. 어느 누가 한 번 읽은 책 내용을 모두 기억할 수 있겠는가? 한 번만 읽어도 책의 내용을 상세하게 기억한다면 아마 뇌가 터져버리지 않을까? 하느님이 인간에게 주신 최대의 선물이 '망각'이라는데, 책뿐만 아니라 일상에서 겪는 많은 일들을 잊지 못한다면 사는 게 끔찍할 것 같다. 내가 나 자신에게 조금 관대해진 것은 책 읽기뿐만 아니고 여러 가지 요인이 함께 상호작용을 했기 때문이다. 그래도 나를 변화시킨 가장 큰 힘은 책이다. 본연의 내 모습을 찾기 위해 몸부림치던 때도 그랬고, 지금까지 아이들에게 독서 지도를 할 수 있는 것도 내가 지속적으로 책을 읽었기에 가능한 일이다.

정해진 틀에서 벗어나는 걸 두려워 하고, 일을 할 때나 여행을 갈 때도 철저하게 계획을 세워 그 일정대로 움직여야 하는 성격의 나는 스스로를 지나치게 통제하는 사람이다. '이런 나 자신이 진짜 나일까?'라는 의문으로 시작한 자신 찾기 여정을 시작하면서 내 안에 있는 다양한 모습을 발견하고 그 모습대로 실행해봐야겠다는 생각이 들었다.

그런 생각으로 도전한 것이 '캐나다 한 달 배낭여행하기'였다. 숙소는 지인의 도움을 받기로 했지만 모든 일정은 내가 알아서 해야 한다. 영어를 할 줄 모르니 의사소통은 힘들 것이다. 그런데도 두 명의 초등학생(아들과 조카)을 데리고 가기로 마음먹은 이유는 아이들을 위해서가 아니라 나의 불안함을 조금이라도 덜고 싶은 엉뚱한 마음 때문이었다. 나 혼자 낯선 곳에 가는 것보다 아이들을 데리고 가면 훨씬 덜 두려울 것 같고, 아이들을 의식해서라도 용기를 낼 수 있을 것 같았다. 그런 나의 결정은 아주 훌륭했다. 8세, 10세인 아이들이지만 함께 있다는 것이 얼마나 든든했는지 모른다. 역시 인간은 존재 자체로 소중하고 의미가 있다는 것은 진리다.

두 아이를 데리고 시작한 모험은 처음부터 예상하지 못한 어려움에 부딪쳤다. 하지만 쉽게 포기하고 싶지 않아서 무리하게 시작했다. 아이들은 어떤 상황에서도 자기들만의 방법으로 적응하고 재미를 찾아냈다. 캐나다에는 드넓은 공원, 저녁에는 아이들과 함께 공원을 산책하는 사람들, 생활 속에서 보여 주는 약한 자들을 위한 배려, 가족이 함께 모여서 보내는 주말 풍경 등 부러운 것도 많았다.

날마다 아이들과 함께 지도를 펼쳐 놓고 내일 일정을 잡은 후 그것과 관련된 내용을 찾아서 읽고 책도 들춰 보면서 여행지를 미리 맛보는 즐거움은 두려움을 극복할 수 있게 해주는 원동력이었다. 샌드위치와 음료수를 챙겨 숙소를 나서 지도를 보며 목적지를 찾아가는 과정은 모험이었다. 몇 번이나 길을 물어보면 그들은 너무 친절하게 자세히 가르쳐주지만 영어가 짧은 나는 알아들을 수 없었다. 알아들은 만큼 가서는 손짓발짓을 섞어가며 다시 묻고 대답하며 찾아가는 목적지. 그러는 중에 아이들도 자신의 의견을 제시하고 이러쿵저러쿵 참견을 한다.

이쪽으로 갔다가 다시 저쪽으로 갔다가 원점으로 돌아오기를 여러 번. 한참을 그러다보면 익숙한 언어가 들린다. 바로 한국 사람의 말소리. 우리나라의 위상이 얼마나 높은지를 현장에서 체험했다. 어디서나 한국 사람이 나타났고 도움을 줬다. 처음 며칠 동안은 막연한 두려움으로 지냈는데, 그 후로는 어디선가 나타날 슈퍼맨을 믿기에 두려움이 줄었다.

지나친 자신감이 화근이었던 일도 생겼다. 아이들을 데리고 셔틀버스를 타고 나이아가라 폭포에 갔다. 엄청난 사람들 속에서 우리 셋은 손을 꼭 잡고 다니면서 웅장한 자연의 위력에 감탄하며 흠뻑 빠져들었다. 하지만 아이들은 멋진 폭포보다 버스에서 내려 걸어올 때 보았던 재미있는 게임 존에 더 관심이 많았다. 게임 존이 2층으로 된 건물이었는데, 땅덩이가 큰 나라라서 그런지 게임장의 규모도 나이아가라 폭포만큼이나 컸다. 두 아이에게 단단히 주의를 주고 게임용 코인을 교환한 후 나눠주었다.

약속 장소를 정하기 위해 몸을 돌린 순간 내 눈앞에서 사라진 아들.

정말 눈 깜빡할 사이에 수많은 사람들 속으로 사라졌는데 근처를 아무리 돌아다녀도 아들은 보이지 않았다. 점점 손에서 땀이 나고 눈앞이 캄캄해졌다. 넓디넓은 게임 존에서 안내방송하는 곳도 없고 말도 안통하고 숙소에 혼자 찾아갈 수도 없는 아들을 어찌해야 하나…. 그날따라 한국말 소리는 하나도 들리지 않았다. 아들과 비슷한 또래로 보이는 아이들을 샅샅이 살펴봤지만 아들은 그 어디에도 없었다. 아들이 입은 것과 같은 파란색 티셔츠를 입은 애들은 왜 그리도 많은지….다음부터는 낯선 곳을 갈 때 반드시 형광색 옷을 입게 하리라는 엉뚱한 생각까지 했다. 그렇게 20여분의 시간이 흘렀다. 왔다갔다 하다가 아들과 나는 서로의 모습을 발견하고는 안도의 눈물을 흘렸다.

너무 신이 난 아이는 엄마가 뒤따라 오는 줄 알고 빨리 게임을 하고 싶은 생각에 뛰어가다가 뒤돌아보니 엄마가 안 보이더란다. 그때부터 무섭고 걱정되어 나를 찾으러 다니기 시작했지만 게임 존이 워낙 넓고 게임기가 곳곳에 세워져 있어 길이 미로처럼 복잡하니 계속 길이 어긋났던 것이다. 아이가 손에 꼭 쥐고 있던 코인에는 땀 냄새가 배어 있었다. 걱정이 사라지자 아이는 금방 게임에 열중했다. 그때까지 옆에서 처음 와 본 게임 존을 그냥 떠나게 될까봐 조마조마해 하던 8살 조카도 신이 나서 이것저것 해 보며 즐거운 시간을 보냈다. 숙소로 돌아와서 아이들과 오늘 겪은 일에 대해 이야기를 나눴다.

"아들, 아까 엄마 잃어버렸을 때 어떤 생각이 들었어?"

"엄마 못 찾을까봐 너무 겁나고 무서워서 혼났어."

"그랬구나. 그런데 엄마랑 만났을 때 울지 않고 있던데?"

"응, 찾아보다가 못 찾으면 사람들에게 도와달라고 해야겠다고 생각하고 참았어."

"다른 사람들에게? 왜 경찰에게 도움을 청해야지 사람들에게 도움을 청해야겠다고 생각했어?"

"캐나다는 어린이를 혼자 두면 부모님이 경찰에게 잡혀간대. 그런데 내가 경찰에게 도움을 청하면 엄마가 나를 혼자 둔거니까 경찰에게 잡혀 갈 거 아니야. 그러니까 경찰한테 도와달라고 하면 안 되지."

"뭐라고? 하하하"

"내가 책에서 읽었는데 캐나다는 어린이를 보호해서 그런 법이 있다고 했거든."

눈물 나게 고맙고 기특했다. 자기가 책에서 읽고 알게 된 내용을 이렇게 현실에서 적용하다니. 그것도 평범한 일상이 아니라 당황스러운 상황에서도 침착하게 책의 내용을 떠올리고 적용하려고 했다는 사실이 놀라웠다. 어른인 나는 읽기만 해서 머리에 저장만 했는데 아이는 가슴으로 받아들이고 있었던 것이다.

《독서 천재가 된 홍 팀장》이라는 책에서 홍 팀장은 '책을 읽고 내가 배우거나 깨달은 것 한 가지는 반드시 현실에서 적용하자'라고 결심했다. 홍 팀장뿐 아니라 많은 사람들이 주장한 '일독일행'을 아이는 바로 실천하고 있었던 것이다.

아이는 책 읽기를 좋아한다. 집 안 곳곳에 책을 갖다 놓고 수시로 본다. 얇은 책도 읽고 두꺼운 책도 읽는다. 물론 만화책도 있다. 책이 재미없다고 하는 친구들은 책을 별로 안 읽어서 아직 그 재미를 모르기 때문이라고 한다. 자기가 언제부터 책 읽기를 좋아했는지는 기억이 나지 않지만 아직까지는 책 읽기가 좋다고 한다.

아이가 책 읽는 모습을 바라보면 흐뭇하고 예쁘다. 책은 많이 읽지만 아이의 학교 성적은 별로다. 특히 수학을 잘 못 한다. 수학에서 나오는 개념을 이해하지 못하니 실력이 좋을 리가 없다. 특히 공간에 대한 개념이 약하다. 몇 번 설명을 해 줘도 잘 못 알아 듣는다. 나는 그런 아이에게 학습을 강요하지는 않는다.

아이에게 성적보다는 태도가 중요하다고 늘 강조한다. 하지만 수시로 나 자신과 싸워야 한다. 과연 이것이 맞는 방법인가? 아이를 계속 이런 방식으로 키워도 될까? 앞으로도 이런 갈등을 겪게 될 것이다. 책 읽기와 학습을 둘 다 잡고 싶은 게 부모의 욕심이니까. 그래도 책 읽기와 학습 중 하나를 선택해야 한다면 책 읽기를 선택할 것이다. 눈으로 글자만 읽는 책 읽기가 아니라 살아있는 책 읽기를. 그 이유는 아마도 모든 이들이 알고 있을 것이다.

질문이 살아나다

수업할 때 아이들에게 내주는 숙제 중에 '5문제 만들어 오기'가 있다. 1주일 동안 숙제로 내 준 책 한 권을 읽고 그 책의 내용에 대한 질문을 다섯 개 만들어 오는 것이다. 아이들마다 각양각색의 질문을 만들어 온다. 가장 단순한 '주인공이 누구인가?'라는 질문부터 '등장인물이 한 행동의 이유'를 묻는 질문처럼 책 내용을 잘 이해해야만 대답할 수 있는 질문까지 참 다양하다.

만들어 온 질문을 보면 그 아이가 얼마나 성의 있게 숙제를 했는지, 책의 내용을 어느 정도 이해했는지 등을 가늠할 수 있다. 한편 선생님에게 할 질문을 만들어 오라 하면 아이들은 나의 가장 큰 약점을 알고 그것과 관련된 내용으로 집중 공략한다. 나는 숫자를 잘 못 외운다. 그래서 아이들이 내게 질문할 때에는 주로 숫자와 관련된 질문을 많이 해 온다. 예를 들어

"보람이는 언제 태어났나요?"

"보람이가 사는 곳은 무슨 아파트 몇 호인가요?"

"주인공이 올라간 마터호른 산의 높이는 몇 미터인가요?"

내가 미리 읽어본 책의 내용은 잘 기억하고 있지만 숫자와 관련된 부분을 나는 당연히 대답하지 못 한다. 내가 틀린 답을 말하면 아이들은 전쟁에서 승리한 군사마냥 의기양양해진다. 어떤 아이는 자기가 읽은 책에는 숫자가 하나도 안 나왔다며 억울함을 호소하기도 한다. 내가 이렇게 아이들에게 5문제 만들어 오기를 숙제로 내 주는 이유는 아이들에게 생각하는 힘을 길러주고 싶기 때문이다.

대부분 아이들이 우두커니 앉아 있거나 무언가 집중하고 있을 때 우리는 아이들이 깊은 생각에 빠져 있다고 생각한다. 하지만 아이들은 생각에 빠져 있는 것이 아니라 정말로 아무 생각없이 있는 경우가 많다. 나 역시 그런 경험을 자주 하지 않았던가? 처음에는 어떤 것을 골똘히 생각하고 있었지만 어느 순간 아무 생각도 없이 진공 상태로 오래도록 앉아 있었던 경험.

그런데 너무 바쁘게 살기 때문인지 아이들도 갈수록 아무 생각없이 지내는 시간이 점점 길어진다. 단순히 정해진 일정대로 움직일 뿐 자신의 의지나 계획은 없고 규칙적인 반복만 하는 경우가 많다. 책을 읽을 때도 글자는 잘 읽었는데 그 문장이 품고 있는 의미는 생각하지 않고 습관적으로 읽고 쓴다. 그래서 아이들이 읽은 책에 대해서 이런저런 질문을 하면 기억나지 않는다거나 그런 내용이 있었는지 몰랐다는 등 황당한 대답을 할 때도 있다.

아이들이 수업 중 대답하기 가장 힘들어 하는 것이 자신의 생각을 묻는 질문이다. '자신의 감정이 어떤지, 왜 그런 생각이 들었는지, 주인공과 비슷한 나의 경험은 어떤 것이었는지, 나와 다른 의견을 가진 사람은 왜 그런 것 같은지'와 같이 자신의 마음속을 들여다보고 대답해야 하는 질문에는 한참을 머뭇거린다. 반면 '주인공이 어떤 일을 했는지, 어떤 사건이 있었는지, 결말이 어떻게 되었는지'와 같이 단순한 사실에 대해 질문하면 대답을 잘 한다.

그래서 사실을 파악하는 질문과 생각을 묻는 질문을 적당히 섞어서 수업을 진행한다. 선생님이 질문하고 아이들이 대답하는 것은 1단계, 그 다음 단계는 아이들이 질문하고 선생님이 대답한다. 그리고 마지막에는 아이들끼리 서로 질문하고 대답하게 한다. 이렇게 수업을 진행하다 보면 아이들이 얼마나 성장하는지 지켜볼 수 있다.

질문하는 수업을 통해 아이들은 이렇게 변화된다.

첫 번째 변화는 아이들이 책을 꼼꼼히 읽게 된다. 책을 읽을 때 글자만 읽는 경우가 많은데, 그 내용을 파악하면서 읽어야 하니까 더 집중하게 되고 집중해서 읽으니 당연히 잘 이해하고 기억할 수 있게 된다. 바로 내가 수업할 때 첫 번째 목표로 삼고 있는 '책 읽기가 재미있다'고 느끼게 하는 아이가 되는 것이다. 아이들에게 스스로 책을 선택할 수 있는 기회를 주면 처음에는 단순히 얇은 책이나 재미있는 책을 우선 순위로 골랐다. 그런데 이제는 요것저것 따져보고 질문 거리를 많이 찾을 수 있는 책을 고른다. 그런 모습을 지켜보는 건 너무 즐겁고 행복하다.

두 번째 변화는 아이들이 상대방의 말에 경청하는 태도를 갖게 된다. 상대방의 말을 잘 들어야 질문에 맞는 대답을 할 수 있기 때문이다. 어떤 아이는 상대방의 이야기를 들으면서 간단하게 메모하는 고난이도의 기술을 보여주기도 한다. 처음에는 상대방이 이야기하고 있는 중간에 자신이 하고 싶은 말이 있으면 끝까지 기다리지 못하고 말을 끊거나 끼어들어서 질문하곤 했었다. 그런데 이제는 상대방의 말이 끝날 때까지 기다리고 궁금한 것은 간단하게 메모했다가 질문하는 성숙한 모습을 보인다. 가끔 자신이 메모한 글씨를 못 알아봐서 친구들에게 핀잔을 듣는 일로 웃음이 터지기도 한다. 그래도 메모한 아이는 메모 안 한 아이들을 향해 당당하게 큰 소리쳐서 한바탕 소란하다.

세 번째 변화는 아이들이 서로 다름을 인정하게 된다. 부모들은 당신의 아이는 부족한 게 아니라 서로 다를 뿐이라고 아무리 이론적으로 설명해도 자꾸만 다른 아이들과 비교하면서 자신의 아이가 부족하다고 생각한다. 그렇게 판단 받으며 자란 아이들은 친구들에게도 그 잣대를 수시로 들이댄다. 자기와 다르게 말하거나 행동하면 부족하다고. 하지만 친구들과 함께 이야기하고 토론을 시작할 때 항상 '우리는 서로 다르다'라는 말이 자기도 모르게 마음속에 각인되어 이제는 서로 다름을 자연스럽게 받아들인다.

학교에서나 가정에서 우리는 서로 '다른 존재'라는 것을 끊임없이 강조하고 교육한다. 하지만 현실에서는 '다름'이 아니라 '틀림'으로 받아들이는 경우가 많다. 책을 읽고 자신의 생각을 이야기할 때도 처음에 아이들은 자기와 다른 것을 틀렸다고 받아들였다. 하지만 매 시간마다 '생각의 차이'가 얼마나 중요한지, 얼마나 많은 것을 얻을 수 있는지 강조하고, 상대방의 이야기를 듣고 나와 다른 점을 찾는 연습을 했더니 이제는 자연스럽게 '다름'을 인정한다. 자신들이 인정한 '다름'에 따라 친구를 받아들이고 이해하는 모습을 보면 빠르게 수용하는 아이들의 능력은 어른들과는 비교도 할 수 없다.

네 번째 변화는 에너지 넘치는 아이들의 모습이다. 지나치게 많은 학습으로 인해 '의욕상실증'에 걸린 아이들이 많다. 매사에 흥미도 없고, 해 보려는 의욕도 없다. 시큰둥한 표정, 느릿느릿한 걸음걸이, 기운이 하나도 없는 목소리, '귀찮아요'를 입에 달고 산다. 그런데 이런 아이들에게서 생기가 뿜어져 나온다. 반짝이는 눈빛, 의욕 넘치는 태도, 고막을 자극하는 목소리, 손 드는 것만으로는 부족해서 엉덩이까지 들썩들썩한다. 자신의 생각을 말할 때 느껴지는 확고함. 수업시간이 짧다고 항의하는 아이들. 인간은 누구나 자신의 이야기를 하고 싶어 하는 본능이 있다는 것은 맞는 말이다. 아이들에게 말할 기회를 주면 막혔던 물꼬가 터지듯이 끝도 없이 이야기가 쏟아져 나온다. '우리 아이들이 이렇게 많은 경험을 하면서 살고 있었나'하며 놀랄 만큼 무궁무진한 이야기가 펼쳐진다. 지금 이 순간에도 재잘거리는 아이들의 목소리가 귓가에 들리는 듯하다.

마지막으로 어른과 친구가 될 수 있다는 것이다. 아이들이 나와 수업할 때 가장 신기하게 생각하는 것이 자신들이 읽은 책을 선생님도 읽고 내용을 기억하고 있다는 사실이다. 어른들은 항상 자신들에게 잔소리하고 지시하는 사람이라고 생각했는데, 자신들과 비슷한 눈높이에서 책을 소재로 함께 이야기하고 놀 수 있다는 사실이 즐겁다고 한다. 아이들과 함께 퀴즈 진행하고 토론하다 보면 아이들은 나를 선생님이 아니라 자기들 친구처럼 착각할 때가 있다. 너무 급하게 말하려고 하다가 나에게 친구에게 말하듯이 자연스럽게 반말을 할 때도 있다. 그러면서 어른도 친구가 될 수 있다고 생각한다. 무섭고 어려운 대상이 아니라

가깝고 친근하고 언제든지 다가갈 수 있는 어른이 있다는 것은 또 하나의 기쁨이겠지. 어른과 아이가 친구가 되어 우정을 주고받는 장면이 비단 외국에서만 가능한 것이 아니라는 것을 나를 통해 조금이라도 경험해 볼 수 있다면 나도 행복하다.

이처럼 책 읽기를 통해 성장하는 아이들과 함께 생활할 수 있어서 참 좋다. 이 기쁨을 오래도록 누리고 싶다.

내가 만난 아이들 3

수빈이는 현재 대학 4학년의 밝고 에너지가 넘치는 예쁜 여학생이다. 수빈이를 처음 만난 건 초등학교 3학년 때였다. 자그마한 몸집이지만 걸걸한 목소리를 가진 약간 터프한 아이였다. 덩치는 작아도 남자아이들과 과격한 놀이도 서슴지 않는 아이였다. 매사에 긍정적이고 에너지가 넘치는 아이라서 이것저것 궁금한 것도 많고 활력이 넘쳐서 함께 있으면 유쾌하기는 하지만, 수시로 던지는 엉뚱한 질문 때문에 수업의 흐름을 끊기도 했다.

수빈이와 함께 수업받는 아이들은 자기와 성격이 다른 수빈이를 받아들이는 걸 힘들어 했다. 수빈이와 함께 수업받는 아이는 말수가 적고 소극적인 성격이라서 수빈이가 말을 시작하면 목소리가 너무 커서 듣기 싫고 시끄럽다 하며 인상을 썼다. 하지만 수빈이의 넘치는 에너지를 보면서 어떻게 저렇게 모든 일을 즐거워 하는지 궁금하기도 했다. 긍정적이고 느긋한 수빈이는 약속시간에 대한 인식도 느긋했다. 수업시간에 맞춰서 제대로 오는 경우가 별로 없었다. 친구들은 지각할까봐 헐레벌떡 뛰어오지만 수빈이는 수업에 늦었는데도 천천히 걸어오면서 만나는 어른들께 상냥하게 인사하고, 아이스크림을 다 먹을 때까지 수업에 들어오지 않고 밖에서 버틴 적도 있었다. 그래서 수빈이에게 약속시간 지키기를 훈련시킬 때 애를 먹었다.

내가 야단을 쳐도 노여워 하지 않는 수빈이가 한편으로는 다행스럽게 생각되면서도 한편으로는 걱정이 되었다. 자유분방한 것도 좋지만 시간약속 지키기는 살아가는 기본적인 예의이므로 앞으로 수빈이가 꼭 고쳐야 할 태도라고 생각하여 잔소리를 하지만 그런 충고를 진지하게 받아들이지 않는 것 같았기 때문이다.

어느 날 수빈이는 이상한 복장으로 수업에 나타났다. 일명 일본 만화 코스프레라고 했다. 평상시에는 절대로 입을 수 없는 복장에 머리 모양, 소품까지 하고 나타난 수빈이를 보고 우리는 모두 벌린 입을 다물지 못했다. 그러면서도 친구들은 자기가 하고 싶은 것을 과감하게 실행하는 수빈이를 부러워하기도 했다. 수빈이는 호기심도 많아서 이것저것 여러 분야의 활동을 시도하기도 했지만 대부분 한두 번 해 보고는 오래 가지 않아 그만두었다. 유독 나와 함께하는 수업만 오래도록 유지하고 있어서 신기할 정도였다.

수빈이는 책을 읽고 함께 토론하고 글 쓰는 게 재미있다고 했다. 한 번은 수빈이와 몇몇 아이들이 우리 집에 놀러 오고 싶다고 해서 아이들을 집으로 초대해 파자마 파티를 열어줬다. 함께 떡볶이도 해 먹고 치킨도 시켜먹고 퀴즈도 하면서 밤늦도록 놀았다. 저마다 한 가지씩 장기자랑도 했다. 호정이는 바이올린 연주를 했고, 정용이는 아카펠라를 했다. 수빈이는 또 다른 만화 속 인물 코스프레를 했다. 우리는 배꼽이 빠지도록 웃었다. 특별히 보여줄 것이 없는 아이들은 함께 노래를 불렀다. 다음날 아침에는 각자 취향에 따라 샌드위치를 만들어 먹게 했다. 아이들은 이 날의 파자마 파티를 두고두고 이야기했다. 그다음부터 아이들의 수업 태도는 부쩍 좋아졌고 나에게 한층 더 깊이 마음을 열었다.

중학교에 들어간 후부터 수빈이는 많이 달라졌다. 시나리오 작가가되겠다는 꿈을 갖고 본격적으로 글쓰기에 열정을 쏟기 시작했다. 책도꼼꼼히 읽고, 책을 읽고 나서 정리도 열심히 했다. 내가 숙제로 내 준책뿐만 아니라 일본 작가들의 책도 스스로 검색해서 빌려와서 읽었다. 학교에서 실시하는 각종 글쓰기 대회에 모두 참가했고 결과도 좋아서자신감이 점점 높아졌다. 타고난 성격이 긍정적이고 열정적이기도 하지만 자신이 목표를 정하고 나니 그 열정이 몇 배가 되었다. 옆에서 지켜보고 가르치는 선생님 입장에서 너무 기특하고 보람을 느끼게 하는아이였다.

고등학교에 들어가면서부터 나와는 더 이상 학교 공부 때문에 수업을 진행하기 어려워졌다. 더 이상 수업을 함께하지 못했지만 수빈이는학교에서나 교외에서 글쓰기 행사가 있을 때면 나에게 전화해서 도움을 요청했다. 적극적으로 참여하는 모습이 예뻐서 항상 응원의 메시지를 보내줬다. 그런데 몇 달 동안 수빈이로부터 통 연락이 없었다. 수빈이가 고 2인 어느 가을, 수빈이 엄마가 전화를 했다.

"선생님, 수빈이 때문에 너무 힘들어요. 도통 제 말은 안 들어요."

"무슨 일 있으세요?"

"수빈이가 선생님과 의논하고 싶다고 하는데 혹시 시간 좀 내주실 수 있으세요?"

"예, 그런데 문제가 뭔 데요?"

"학교를 자퇴하겠대요. 그리고 검정고시 준비를 하겠다고 고집을 부려요."

"일단 제가 수빈이랑 얘기해 볼게요."

며칠 후 수빈이가 집으로 왔다. 우리는 아이스크림 가게로 가서 서로 좋아하는 아이스크림을 골랐다. 그리고 근처 공원의 의자에 앉았다. 그동안의 생활에 대해 이런저런 이야기를 나누다가 드디어 본론으로 들어갔다. 고등학교에서 아침부터 밤늦도록 공부하는데 정작 자신이 하고 싶은 시나리오 작가가 되는 데 대해서는 아무것도 가르쳐주지 않는다고 하였다. 자신은 꿈이 확실한데 그 꿈을 이루기 위해 필요하지도 않은 공부를 하느라고 시간을 낭비하는 건 바보같은 짓이라고 생각한다. 그래서 조금이라도 빨리 자신이 하고 싶은 공부를 위해서 학교를 그만두고 검정고시를 통해 자신이 하고 싶은 시나리오 작가를 위한 공부를 빨리 시작하고 싶다고 했다. 그리고 검정고시에 합격하지 못하면 시나리오 작가를 양성하는 특수학교에 입학하고 싶다는 것이었다. 이미 그것과 관련된 학교도 알아보았단다.

제법 논리정연하게 이야기하는 수빈이를 보면서 '언제 이렇게 컸을까' 하는 생각도 들었고, 한편으로는 수빈이의 마음이 이해되기도 했다. 대부분의 아이들은 자신이 하고 싶은 일이 무엇인지 생각도 안 해보고 그저 점수에 따라 대학에 입학만 하면 된다고 생각한다. 남들이 공부하니까, 부모님이 시키니까 억지로 하는 경우가 대부분이다. 그런데 수빈이가 자신의 꿈을 위해 남들이 하지 않는 방법을 선택하겠다고 선언하는 것이 기특하고 흐뭇했다.

하지만 현실은 이상과 다르지 않은가? 수빈이에게 본인의 계획대로 되지 않을 경우에는 어떻게 할 것인가에 대해서 물었다. '검정고시를 통한 학력 취득과 정규 교육과정에 있는 학교 생활을 통한 학력 취득의 차이점이 무엇인가?' '지금은 시나리오 작가가 꿈이지만 그 꿈이 정말 변하지 않을 꿈이라는 확신이 있는가?' 등 여러 가지 질문을 했다. 수빈이는 내가 질문한 것들에 대해 깊이 생각해 보지 않았다고 했다. 나는 너무 서두르지 말고 차근차근 네 계획이 실현될 가능성에 대해 생각해 보고, 그 계획과 다른 상황에 대한 대안을 2~3가지 생각해서 정리해 보라고 했다. 그러면서 학교는 단지 공부 가르치는 기능만 하는 것이 아니라는 것에 대해서도 이야기했다. 지금까지 우리가 나눈 이야기에 대해 정리해 보고 그래도 네 생각대로 해야겠다고 결론을 내린다면 내가 너를 지원해주겠다는 약속도 했다.

수빈이와 함께 맛있게 점심을 먹고 하하 호호 수다도 떨다가 헤어졌다. 수빈이를 보내고 수빈이 엄마에게 전화해 수빈이와 어떤 이야기를 나눴는지 간단하게 말씀드리고 지켜보자고 했다. 수빈이 엄마는 연신 내게 고맙다고 했지만, 아직 수빈이가 어떤 결론을 내릴지 알 수 없었다. 집으로 돌아간 수빈이는 한 달 정도 연락이 없었다. 그렇게 시간이 흐른 어느 날 수빈이 엄마가 다시 전화를 했다.

"선생님, 너무 감사해요. 수빈이가 학교에 열심히 다니고 있어요."

"그럴 줄 알았어요."

"선생님 만나고 온 후로 꽤 고민하는 것 같더니 어제 밤에 얘기하더라고요."

"그렇게 고민했던 게 수빈이가 살아가는데 큰 힘이 될 거예요."

"수빈이가 믿고 의논할 수 있는 선생님이 계셔서 다행이에요."

"다음에 또 제 도움이 필요하면 전화하세요. 그때는 제가 수빈이 검정고시 학원 등록해서 보낼지도 몰라요."

"하하하~~"

그때 수빈이가 나와 나눈 이야기가 자신의 진로 결정에 얼마나 도움이 되었는지는 알 수 없다. 하지만 수빈이가 다시 학교 생활을 열심히 하기로 결정하고 나서 적극적인 자신의 성격대로 학교에서 한 토론대회에 참가해 좋은 성적을 거뒀다. 그 성적으로 서울시 고교생들이 모여서 하는 토론대회에 학교 대표로 출전했다. 그럴 때마다 언제 그런 고민을 했냐는 듯이 나에게 전화해서 도움을 요청했다. 결과가 좋을 때도 있었고 아쉽게 우승을 못할 때도 있었지만, 그렇게 열심히 하는 수빈이가 그저 예쁠 뿐이었다.

수빈이는 지금 '미디어정보학과'에서 시나리오 작가, 방송 프로듀서로서의 꿈을 향해 공부 중이다. 고 3이던 조카가 방송 프로듀서가 되고 싶다는 꿈을 갖고 고민하고 있는 것을 이야기했더니 수빈이는 자기가 도와주겠다면서 스스로 멘토가 되어주겠다고 자청했다. 아이스크림 입에 물고 느릿느릿 걸어오면서 걸걸한 목소리로 "선생님~"을 부르던 꼬마 숙녀가 기억 속에서 살아나 나를 부른다.

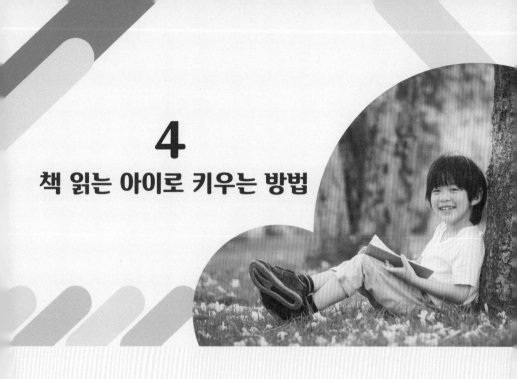

4
책 읽는 아이로 키우는 방법

아이가 생겼을 때의 감동과 기쁨은 오래도록 생생하게 기억난다. 특히 오랜 기다림 끝에 찾아온 아이기에 기쁨과 감동은 말로 표현할 수 없을 만큼 컸다. '아이가 태어나면 어떻게 키울까?' '아이를 어떤 사람으로 자라게 해야 할까?' '아이에게 무엇을 가르쳐야 할까?' 등을 계획하며 의욕에 차기도 했다. 반대로 '과연 내가 아이를 잘 키울 수 있을까?' '백지처럼 깨끗한 아이에게 내가 밑그림을 잘못 그려주면 어쩌나' 걱정이 되기도 했다.

아이가 자랄수록 누구나 말하듯 '건강하고 튼튼하게 자라다오'라고만 주문하기에는 내가 욕심이 많았는지 '건강하고 튼튼한데다가 똑똑하게도 자라다오'라고 주문하고 있는 나 자신을 발견하곤 했다. 처음에는 그저 욕심없이 키우겠다고 다짐했지만 조금씩 현실과 타협하고 있었던 것이다. 그러면서 부모라면 누구나 갖는 소망이라고 나를 합리화시키기도 했다.

하지만 이 세상에서 가장 어려운 농사가 자식 농사라고, 아이가 내가 그린 밑그림대로 자라지 않으니 소망과 현실은 다른 게 정상이다. 내 아이의 성향과 현실을 인정하고 마음을 비워야 하는 데 쉽지 않다. 하지만 내가 그린 모습대로 아이가 되지 않는다고 해서 포기할 수는 없지 않은가? 공부 잘하는 아이, 성적 좋은 아이로 키울 수 있는 방법은 모른다. 내 아이가 책을 무지막지하게 많이 읽지는 않는다. 그래도 책 읽기를 좋아하고 시시때때로 책을 손에 잡는 아이로 키운 경험을 나눠보고 싶다.

엄마 손에는 무조건 책

아이가 초등 1학년 때 받아쓰기에서 20점을 받았다. 10문제 중에 5문제를 썼는데, 이상한 건 맞게 쓴 문장에도 선생님이 틀렸다고 채점을 한 거였다. 그냥 틀린 표시로 사선을 그은 게 아니라 틀렸다고 그은 사선에서 화난 감정을 읽을 수 있었다. 불끈 올라오는 감정을 누르고 아이에게 물어봤다.

"재민아, 오늘 받아쓰기 볼 때 선생님이 몇 문제 불러주셨어?"

"몰라."

"음….그럼 이거 채점을 어떻게 했어?"

"옆의 짝이랑 바꿔서 했어."

"그래? 그럼 네 짝은 몇 점 받았어?"

"80점"

사연은 이랬다. 아이가 받아쓰기를 하는 그날, 학교에서 '바자회'를 한다고 했다. 아이는 이것저것 원하는 물건 살 생각에 신이 나서 오천 원을 동전으로 가지고 갔다. 물건값을 내고 거스름돈을 못 받을까봐 동전으로 챙기는 철저함을 보인 것이다. 무엇을 살까 고민하며 자기가 미리 점찍어 놓은 물건을 다른 사람이 먼저 사 가면 어쩌나 하는 걱정을 하면서 신이 나서 한달음에 학교로 뛰어갔다. 운동장에서는 각 학년들이 순서대로 나와 물건을 사고팔고 있었다. 운동장 밖에서 떠드는 소리가 아이 귓가에서 맴돌고 있고, 아이는 빨리 밖으로 나가고 싶은 마음이 굴뚝같았다. 밖에서는 이미 고학년들이 물건을 사고팔고 있었고 아이는 자기가 살 물건이 다 없어질까봐 안절부절하고 있었다.

그런데 바자회에 참가하러 나가기 바로 전 시간에 받아쓰기를 본 것이다. 아이의 마음이 콩밭에 가 있었으니 선생님이 불러주는 받아쓰기가 귀에 들어오지 않았던 것이다. 그러니 선생님은 이미 5번 문제를 불렀지만 아이는 2번에다 답을 쓰고 해서 10문제 받아쓰기를 고작 5문제 썼고, 그나마도 엉뚱한 곳에 쓴 것이다.

학교에서 처음 하는 바자회, 무엇을 살지 궁리하며 들떠 있었을 아이의 마음, 아이의 받아쓰기 노트를 보고 황당했을 선생님의 마음 등이 한꺼번에 이해되었다. 아이와 함께 이 사건의 전말에 대해 이야기를 나누면서 불끈 올라오던 화를 참기를 참 잘했다는 생각을 했다. 아이는 가방에서 그날 사 온 물건을 꺼내 놨다. 장난감 유희왕 카드, 친환경 수세미, 아이가 읽을 것과 나에게 줄 책 2권. 아이가 사 온 물건을 보면서 아이의 마음 씀씀이가 너무 흐뭇했다.

'아이는 부모의 뒷모습을 보고 배운다'라는 말처럼 아이들은 부모님이 하는 행동을 그대로 따라 한다. 나와 수업하는 아이들을 보면 그 집안의 분위기나 부모님의 행동 패턴을 어느 정도 짐작할 수 있다. 반대로 부모님을 보면 그 자녀들의 성향이나 행동도 어느 정도 예측할 수 있다. 항상 맞아 떨어지는 건 아니지만 대부분 예측에서 벗어나지 않는다.

2년에 한 번씩 나의 수업을 받는 아이들을 대상으로 설문조사를 한다. 수업에 대한 만족도와 건의사항 등을 수렴하기 위해서 하는데, '아이들이 가정에서 책을 읽는 태도와 모습이 어떻게 변화되었는가'에 대한 질문이 많다. 그리고 '부모님이 아이들에게 책 읽는 모습을 얼마나 자주 보여주는가'라는 질문이 있다. 대부분의 질문에는 모두 답을 하지만 마지막 질문에는 거의 답을 적지 않는다. 간혹 '거의 없음'이라고 적는 부모님이 계신다. 설문지를 들고 온 아이들에게 왜 대답을 안 적었는지 물어보면 아이들은 천진난만하게도 "우리 엄마는 책 안 읽어요."라고 대답한다. 아이들에게는 책 읽기가 중요하다고, 책을 읽어야 한다고 강조하면서도 정작 부모님은 책을 읽지 않는 모순된 모습이다. 그러니 아이들은 부모님의 책 읽으라는 말이 잔소리로 들릴 수밖에 없다.

아이들이 가장 자주 표현하는 불만 중 하나가 바로 엄마는 책 안 읽으면서 우리한테만 시킨다는 것이다. 아이들에게 책 읽으라고 하면서 엄마는 핸드폰을 보거나 텔레비전을 본다고 불만을 토로한다. 책 읽는 아이로 키우기 위한 첫 번째 방법은 바로 엄마 손에 책을 드는 것이다. 신문, 잡지, 만화책 무엇이든 상관없이 엄마가 항상 책 읽는 모습을 보여주면 아이도 자연스럽게 책을 읽게 된다. 엄마가 책 읽으라고 잔소리 100번 하는 것보다 책 읽는 모습을 몸으로 보여주는 것이 훨씬 효과적이다. 효과가 확실한 방법을 알면서도 실천하지 못하는 이유는 무엇인가? 바로 책 읽는 습관이 안 되어 있기 때문이다.

인간은 본래 한곳에 정착해서 하는 행동에 익숙한 존재가 아니다. 최초의 인간은 먹이를 찾아 수렵, 채집, 사냥을 했었다. 그것은 곧 먹고 살기 위해서 움직이는 것이 최적화된 인간의 본성이다. 세월이 흐르면서 점점 진화하고 기술 발달에 힘입어 인간은 점차 정착 생활을 하게 되었다. 그러면서 동적인 것보다는 정적인 것에 더 긴 시간을 할애하게 되었지만, 움직임에 대한 본성은 세포 깊숙이 박혀 있어서 좀처럼 없어지지 않는다.

그래서 지금도 아이들은 공부하는 것보다 밖에서 놀기를 더 좋아하고, 엄마들은 독서 모임보다 차 마시며 입을 움직이는 모임을 더 좋아하는 것이다. 그런 인간에게 책 읽기는 본성을 거스르는 행동이다. 본성은 특별한 노력 없이도 유지된다. 이런 본능을 거스르는 행동이 익숙해지기 위해서는 얼마나 많은 노력이 필요할까? 엄청나게 열심히 노력해 습관으로 자리 잡았다고 해도 또 얼마나 빨리 무너지는가? 그럼에도 불구하고 사랑하는 우리 자녀들을 위해서 엄마는 손에 책을 들어야 한다. 자식을 위해서라면 불 속이라도 뛰어드는 게 부모 심정이다. 교통사고로 트럭 밑에 깔린 아이를 구하기 위해 엄마가 무의식적으로 트럭을 들어 올렸다는 말처럼 엄마는 아이를 위해서라면 초인적인 힘을 발휘한다.

우리나라의 교육열이 전세계에서 가장 높은 이유도 바로 자식을 잘 키우려는 엄마들의 마음 때문일 것이다. 엄마들이 가장 먼저 해야 할 일이 바로 책읽기이다. 책 읽기의 필요성·중요성에 대해서는 따로 언급하지 않아도 모두 공감한다. 공감한다면 바로 움직여라. 자리에서 일어나 책장으로 가서 책을 한 권 꺼내라. 그리고 한 장도 좋고 두 장도 좋으니 아이가 보는 곳에서 책을 읽어라. 엄마 혼자 있는 시간보다는 되도록 아이가 엄마와 함께 있는 시간에 읽어라. 그건 너무 '보여주기식'이라는 생각이 들기도 할 것이다. 보여주기 위해서라도 해야 한다.

하루, 이틀, 일주일, 한 달만 엄마가 책 읽는 모습을 보여주면 아이도 반드시 손에 책을 들고 엄마 옆자리로 올 것이다. '가랑비에 속옷 젖는다'라는 속담처럼 조용히 그러나 꾸준히 보여준 모습을 통해 아이는 분명히 달라진다. 그렇게 하다 보면 처음에는 아이를 위해 억지로 시작한 책 읽기지만 나에게 크게 유익하다는 것을 체험하게 된다. 이 얼마나 '누이 좋고 매부 좋은 일'인가?

　우리 집에는 텔레비전이 없다. 아이가 5세 되던 해에 텔레비전을 없앴다. 부모님과 함께 살 때는 텔레비전을 없앨 수 없었다. 하지만 우리 세 식구가 살게 되니 실행 가능한 일이었다. 내가 엄청난 계획을 갖고 있거나 텔레비전이 나쁜 영향을 끼친다고 생각해서 없앤 것이 아니라 작은 집으로 옮기면서 공간이 없어서 정리했다. 물론 평소에 텔레비전은 '시간 잡아먹는 괴물'이라고 생각하고 있었기에 처분 대상 1호가 된 것이다.

　작은 집에서 거실은 모두 내가 수업할 때 사용하는 동화책을 꽂은 책장으로 가득 채웠다. 방 하나는 수업을 위한 장소이기에 텔레비전을 놓을 공간이 없었다. 텔레비전을 없애고 생긴 가장 큰 혜택이 바로 '넘치는 시간'이다. 텔레비전을 볼 때는 1~2시간이 금방 지나갔는데 텔레비전이 없으니까 시간이 너무 많이 남았다. 남는 시간 동안 아이도 나도 정해진 일을 하는 시간 이외에는 책을 읽는다. 식탁에 앉아서 책을 읽기도 하고 침대에 나란히 앉아 읽기도 한다. 이렇게 함께 있으면 아이는 정서적으로도 안정된다. 자기가 읽고 싶은 책을 읽기도 하고, 한 권의 책을 같이 읽기도 한다. 집 안 곳곳에 책이 놓여 있다. 한 권의 책을 꾸준히 읽을 때도 있고, 몇 권의 책을 동시에 읽을 때도 있다. 그림책도 좋고, 만화책도 좋다. 엄마가 손에 책을 들고 있는 모습을 보여준 후 아이의 달라지는 모습을 발견하는 기쁨을 느껴보자.

과제가 아니라 재미로

질문 : 이 세상에서 가장 하기 싫은 일은 무엇인가?

각자 대답이 다를 것이다. 자신이 처한 상황이나 현재의 몸 상태, 마음 상태에 따라서도 다른 대답을 할 것이다. 공부, 집안일, 회사 가기, 명절 지내기….

모두 정답이다. 왜냐하면 그 일은 내가 스스로 하는 일이 아니고 억지로 하는 일인 경우에 해당하니까. 어떤 일이든지 자신이 스스로 선택한 일은 재미있고 창의적으로 할 수 있지만, 남이 시켜서 하는 일은 반항심이 생겨서 싫어지는 게 인지상정이다. 내가 어떤 일을 하려고 마음먹었는데 다른 사람이 그것을 하라고 할 때 갑자기 김이 빠지고 싫어졌던 경험은 누구에게나 한 번쯤 있을 것이다. 선택적 자유가 얼마나 중요하고 자신에게 의미 부여되는지 잘 알고 있다.

스스로 선택해서 자유의지로 하는 경우와 반대로 타인의 지시에 의해 수동적으로 움직이는 경우에 그 일을 하는 마음자세가 너무 다르다. 억지로 할 때에는 일단 기분이 나빠지고, 얼굴 표정도 일그러지고, 최선을 다하지 않으며, 결과에 대해 책임을 회피하기까지 한다. 반대로 자유의지로 할 때에는 일단 눈이 빛나고, 어떻게 하면 더 좋은 방법을 찾을 수 있을지, 효과적으로 할 수 있는지 등을 생각하게 된다. 자유를 추구하는 것은 인간의 본성이다. 이 본성은 아이나 어른이나 별로 다르지 않다.

아이들이 책 읽기를 싫어하는 이유도 바로 남(부모님, 선생님 등)이 시키기 때문이다. 외부로부터 자극이 들어오면 우리 몸은 첫 번째로 거부 반응을 보인다. 물리적이거나 정신적인 자극이 가해질 때 거부는 자신을 보호하기 위한 가장 기본적인 반응이다. 몸을 움츠리거나, 감정의 벽을 쌓거나, 싸울 태세를 갖추는 등 거부 반응을 나타낸다.

다음 단계로 그 반응을 자신의 방식대로 해석하는 과정을 거친다. '이것은 ○○하니까 받아들여야 한다'라고 하든지, '이것은 ○○하니까 받아들이지 말아야 한다'라고 자극을 자신의 상황과 가치관에 따라 해석한다. 올바르게 해석하도록 만들기 위해서 우리는 '교육'을 시킨다. 교육을 통해 '가치'를 추구할 수 있게 되고, 보람과 성취감 등 본능을 충족시켜 줄 선택도 할 수 있게 된다.

해석을 했으면 다음으로 선택을 한다. 그 선택이 구체적인 행동으로 나타나게 된다. 이런 과정이 주도적으로 이루어졌을 때는 대부분 긍정적인 행동을 하게 되지만, 반대의 경우에는 감정이 상한 상태에서 부정적인 행동을 하게 된다. 아이들에게 책 읽으라고 말을 하는 순간(자극) 아이는 잔소리(해석)라고 생각하고 짜증(행동)을 부리게 된다. 억지로 해야 하는, 이 세상에서 가장 하기 싫은 일을 해야 하는 순간이 되는 것이다.

책 읽기가 억지로 해야 하는 숙제가 아니라 재미있는 일이 되게 하려면 어떻게 해야 할까?

얼마 전에 경복궁에 갔다. 문화 해설사 공부를 하고 있는 친구가 나와 친구 몇 명을 실습 대상자로 선택한 것이다. 경복궁 입구에서부터 조각상에 얽힌 이야기, 궁의 특성, 문화적 가치 등을 설명해줬다. 예전에는 경복궁에 가면 눈으로 쓱 훑어보고 지나가기 바빴다. 설명을 듣고부터 재미도 있고 우리 문화재에 대해 관심을 가져야겠다는 생각이 들었다.

많은 이야기를 들었지만 가장 기억에 남는 건 역시 해설사 친구가 재미있고 재치있게 설명해 준 부분이었다. 나뿐만 아니라 다른 친구들도 똑같은 부분을 기억했다. 문화 해설사 과정을 공부하는 친구도 자기 스스로 하고 싶었던 일이라서 공부를 시작했고, 그래서 그런지 전달하는 내내 본인이 가장 즐거워했다. 그 친구가 만약 '돈을 벌기 위해서'라거나 '지금 할 수 있는 일이 그것밖에 없어서' 등 억지로 그 일을 하고 있다면 그렇게 즐겁게 설명할 수 있을까. 그날 들은 설명은 오랜 시간이 흘러도 잊히지 않고 기억에 남을 것이다.

책 읽기도 마찬가지다. 아이와 함께 책을 읽을 때 아이에게 과제를 남겨주지 말고 재미를 남겨줘야 한다. 20년이 넘게 아이들에게 독서 지도를 하면서 부모님으로부터 가장 많이 받은 질문은 이것이다.

"어떻게 하면 아이가 책을 잘 읽게 할 수 있나요?"

"우리 아이가 책 읽기를 좋아하게 하려면 어떻게 해야 하나요?"

핸드폰 사용이나 게임 때문에 갈등을 겪지 않는 가정이 별로 없을 것이다. 초등학교에 다니는 아이들 대부분이 핸드폰을 사용하고 있고, 핸드폰의 사용 용도가 거의 게임에 한정되어 있다. 핸드폰이 없는 아이들은 부모님께 핸드폰을 사 달라고 하면서 전쟁이고, 일단 핸드폰을 사 주고 나면 손에서 핸드폰을 놓지 않는 것 때문에 전쟁이다. 아이들이 핸드폰을 들고 게임을 시작하면 시간 가는 줄 모르고 계속 하게 되는 이유는 무엇인가? 핸드폰만 잡으면 정신을 잃고 빠져드는 이유는 무엇인가? 바로 재미있기 때문이다. 꼭 게임이 아니더라도 인간은 누구나 재미있는 것에 빠져들기 마련이다. 게임이나 핸드폰만큼의 재미를 느끼게 할 수는 없더라도 책 읽기가 재미있다는 사실을 아이들이 조금이라도 느끼게 해 줘야 한다. 그러면 아이들은 책을 읽기 시작할 것이다.

아이와 함께 침대에 기대 앉아 《하얀 지팡이와 파란 자전거》(양지숙 지음)라는 동화책을 읽고 있었다. 청각장애인인 찬이가 할아버지와 함께 까치골로 이사를 갔는데, 할아버지는 찬이를 위해 집 앞에서부터 느티나무까지 돌을 넣은 깡통을 매달은 새끼줄을 연결했다. 찬이가 새끼줄을 잡고 더듬거리며 오고 있을 때 기두라는 아이는 찬이를 골려주려고 새끼줄을 잘랐다.

"이런 나쁜 놈들!!"

"엄마, 지금 욕하는 거야?"

"당연하지. 이런 놈들은 혼 좀 나야 돼!"

"그래도 그렇지. 욕은 나쁜 거잖아."

"너는 욕하고 싶을 때 없어?"

"있기는 하지만…"

"그럼 엄마랑 욕하기 시합할까? 대신 여기서 실컷 하고 밖에서는 안 한 척 하기야."

"그럴까?"

머뭇거리는 아이와 함께 얼토당토하지 않은 욕을 만들어내며 깔깔거렸다. 아이도 신이 나서 자기가 등장인물이 된 듯 혼자 연극을 하고 있었다. 잠깐 동안 그렇게 웃고 나니 뒷이야기가 궁금해졌다. 그래서 아이와 함께 단숨에 읽었다.

이런 식으로 한 권을 읽더라도 책 속에서 재미있는 요소를 찾아내 마음껏 누려야 한다. 책 내용을 제대로 이해했는지 확인하기 위해 아이에게 끊임없이 질문하는 엄마가 있는데, 그건 바람직하지 않다는 게 내 생각이다. 아이가 읽을 책을 엄마가 미리 읽었다는 점은 칭찬받아 마땅하지만, 그것이 아이를 감시하고 점검하는 잣대로 사용된다면 아이는 책 읽기가 즐겁지 않을 것이다. 즐겁지 않은 일을 언제까지 계속할 수 있을까? '평양감사도 자기가 싫으면 그만'이라는데 책을 읽는다고 당장 평양감사만큼의 권리가 생기는 것도 아닌데 재미있지도 않은 일을 누가 하겠는가?

어떤 방법을 동원해도 괜찮다. 등장인물이 되어 역할극을 해도 좋고, 책 속에 나오는 장면을 그림으로 표현해도 좋고, 뒷이야기를 상상해서 만들어도 좋다. 책 속에 나왔던 소품을 만들어 보거나 엄마와 아이가 기자와 주인공이 되어 인터뷰를 해 보는 것도 재미있다. 책을 읽는 중간중간에 해도 좋고 책을 다 읽은 후에 해도 좋다. 가장 중요한건 그 시간이 즐거워야 한다는 것이다. 잘하기 위해서가 아니라 재미있기 위해서. 많이 읽기 위해서가 아니라 즐겁게 읽기 위해서. 그 즐거움이 지속되면 신기하게 잘 하게 되니까. 지금부터 아이와 함께 책 속에서 즐거울 거리를 만들어보자. 아이들은 기상천외하고 엉뚱한 아이디어를 내 놓을 것이다.

남의 편과 함께

"엄마 아빠는 나보다 핸드폰을 더 오래 만지면서 틈만 나면 나한테 핸드폰을 만지지 말라고 한다. 아빠는 우리 집에서 핸드폰을 제일 많이 보면서 나만 혼낸다. 그리고 아빠는 매일 유튜브 보고 레슬링 보고 하면서 나한테만 그런다. 내가 따지면 말조심하라고 하고 아빠가 짜증내서 나도 짜증내면 혼낸다. 정말 밉다." (아이가 2019년에 《생각공책》에 쓴 글 중에서)

우리 집에는 약 1,200권 정도의 동화책이 있다. 그것은 내가 아이들과 수업할 때 사용하는 교재다. 그 책은 모두 내가 읽고 내용을 정리했고 90% 정도는 내 기억 속에 있다. 등장인물 이름이나 몇몇 지명은 헷갈리기도 하지만 큰 줄거리는 대부분 알고 있다. 아이들에게 독서 지도를 하는 교사로서 마땅히 읽어야 하고, 기억하고 있어야 한다고 생각하기 때문에 수시로 책을 다시 읽는다. 수업 준비를 하면서 아이들에게 과제로 줄 책을 한 권 한 권 다시 읽고 내용을 확인하고 메모해서 파일에 붙여 놓는다. 주말이면 이렇게 다음 주 수업 준비를 위해 20여권의 책을 읽어야 한다.

하지만 함께 살고 있는 남의 편은 집에 있는 동화책을 모두 합해 30권 정도 읽었을까? 저학년용으로 분류되는 동화책은 페이지도 많지 않고 글자도 커서 마음만 먹으면 하루에도 몇 권이나 읽을 수 있는데, 남의 편은 그런 마음을 절대 먹지 않았다. 보통 아이들은 엄마가 책을 읽으면 자연스럽게 자기도 책을 들고 옆에 앉아 읽지만 어른은 도무지 그게 되지 않았다. 아이도 어른도 모두 자신이 싫어하는 일을 억지로 시킬 수 없으니 책 읽기 싫어하는 남편에게 동화책이라도 읽으라고 잔소리해봤자 말하는 나만 힘들어지기에 몇 번 이야기한 이후로는 입을 다물었다. 하지만 마음속에는 책과 담을 쌓고 살아가는 남편을 한심하게 생각하고 서운한 마음이 들었다. 그렇게 세월이 흘러도 전혀 변하지 않던 남편이 어느 날 책장 앞에서 두리번거리고 있었다.

"어른이 동화책 읽는 건 좀 그런가?"

"어때서? 동화책에 심오한 내용이 얼마나 많은데~"

"뭐 읽으면 좋을지 하나 골라 줘 봐."

"어떤 내용을 원하는데?"

"사춘기를 이해할 수 있는 거 같은 책 있나…"

"아들 때문에 힘들어서?"

"아니…. 아들이 사춘기인가 봐. 자꾸 나랑 부딪치네…"

"그럼 이거 읽어봐."

《아빠와의 배낭여행기−비 온 뒤 맑음》(뱅상 퀴벨리에 글)이라는 책을 건네줬다. 엄마 아빠의 이혼으로 아빠와의 변변한 추억조차 없는 12살 벤자민이 아빠와 함께 억지로 시작한 20일 동안 한 도보 여행 과정을 그린 작품이다. 아빠와 아들의 관계를 생각해 볼 수 있을 것 같아서 골랐다. 남편은 며칠 동안 그 책을 읽고 생각이 많았던 듯하다. 눈에 띄게 아들의 이야기에 귀를 기울이는 모습을 보였다. 그렇게 서투르지만 천천히 시작된 남편의 변화를 지켜보는 나는 정말 고맙고 기뻤다. 이제야 가족이 모두 한마음이 되는 것같은 기분이었다. 남편과 아이가 책 내용을 이야기하면서 서로 맞장구치며 벤자민 아빠를 흉보는 모습이 보기 좋았다. 그리고 아이도 아빠를 조금 다르게 보는 것 같았다.

동화책 몇 권을 읽은 후 남편은 책꽂이의 다른 부분에 관심을 보였다. 자기계발서로 분류된 책이 꽂혀 있는 칸에서 《침대부터 정리하라》라는 책을 고르더니 단숨에 읽었다. 그런데 더 놀라운 것은 지금까지 그렇게 잔소리를 해도 안 하던 '아침에 일어나서 침대 정리하기'를 스스로 시작했다는 것이다. 저렇게 의지가 강한 사람이었는데 지금까지 그 의지를 왜 한 번도 안 보여준 건지 의아할 정도로 자기가 시작한 일을 지금까지 잘 실천하고 있다. 동시에 책 읽기도 꾸준히 하고 있다. 자기도 예전에는 책을 꽤 읽었지만 언제부터인지 손에서 책을 놓고 나니 다시 잡기가 어려웠다고 했다.

남편의 변화와 더불어 가장 큰 영향을 받은 사람이 바로 아이다. 아이는 아빠에게 모종의 경쟁심을 가지고 있다. 심리학에서 말하는 오이디푸스 콤플렉스같은 것이다. 경쟁심이 강하고 소유욕이 많은 아이는 엄마에게 유난히 집착하는데, 엄마는 일 한다는 이유로 자기와 많은 시간을 함께하지 못해서 불만이 많았다. 그런 상황에서 아빠가 엄마를 빼앗아간다는 생각으로 아빠에게 적대감을 갖고 있는 것이다. 물론 아빠와 함께 몸으로 놀 때는 좋지만 그 외 시간에는 아빠와 사소한 일로 자꾸 부딪쳤다.

아이는 마음의 문을 열지 않고, 남편은 아이와 함께하는 시간도 적으면서 아빠 특유의 권위를 내세우니 아이는 자신이 이해받지 못한다고 느껴서 아빠에게 사춘기 특유의 반항심을 보였다. 아이에게는 아빠가 책 읽는 모습을 본 기억이 거의 없었다. 어느 날부터인가 아빠가 책을 읽고 조금씩 변화되는 모습을 보더니 아빠에 대한 생각이 달라지는 것 같았다. 서로 자기가 읽은 책에 대해서 이야기하고, 아들이 아빠에게 책을 추천하는 모습이 얼마나 보기 좋은지. 아들은 자기가 읽은 책 내용을 들려주고 아빠에게 읽어보라며 건네준다. 아빠가 그 책을 읽고 나면 책 내용에 대해서 서로 이야기하며 또 한 번의 대화가 가능해진다.

아들은 자신이 아빠보다 많은 책을 읽었다는 승리감에 아빠의 작은 실수는 눈감아주는 너그러움을 보이고, 아빠는 아들의 자존감을 세워주려고 못 이기는 척 넘어가 준다. 부모와 자녀라는 위치에서 벗어나 인간 대 인간으로서 대화하고 있다는 느낌을 받을 때가 많다. 자신이 어른과 동등한 자격으로 대우받아서인지 아이도 부쩍 성숙해지고 있다. 이런 변화는 남편의 책 읽기로부터 시작되었다. 작은 돌멩이 하나가 온 연못에 잔잔한 파장을 불러 일으키듯 남편의 작은 실천은 우리 가정을 더 기쁘고 행복한 공간으로 만들었다.

"아이 한 명을 키우기 위해서는 마을 한 개가 필요하다."라고 한다. 성향과 특징, 관심사가 다른 온 마을 사람들이 지속적으로 아이에게 사랑을 주고 가르침을 줘야 한다는 뜻이다. 그만큼 아이가 성장하는데 많은 사람들의 다양한 노력이 필요하다는 뜻일 것이다.

우리나라도 예전에는 할머니·할아버지와 함께 살면서 아이를 키웠기에 아이에게 여러 형태의 사랑과 가르침을 줄 수 있었다. 조부모의 사랑이 부모의 사랑과 다르다는 것은 누구나 체험하고 있지 않은가? 또 부모가 조부모께 하는 태도를 보면서 아이들도 자연스럽게 어른을 대하는 태도와 가치관 교육이 이루어졌기에 예로부터 우리 민족을 '동방예의지국'이라고 한 것이 아니겠는가? 그렇기에 우리나라의 대가족 제도는 오래도록 유지되어야 할 전통이다. 특히 아이를 키우는 데 있어서 대가족은 부모와 자녀 모두에게 엄청난 혜택이다.

나 역시 아이가 태어나면서부터 친정부모님과 함께 살면서 아이를 키웠기에 아이가 이만큼 성장할 수 있었다고 생각한다. 지금은 사정상 친정부모님과 함께 살지 않지만 아이는 지금도 할머니·할아버지를 무척 그리워 하고 함께 살고 싶어 한다. 하지만 오늘날에는 대가족이 함께 모여 살기에는 여러 가지 어려움이 많다. 대부분 부모님과 자녀들로 이루어진 핵가족이다. 자녀도 많지 않아서 3~4명이 한가족을 이루는 것이 보통이다. 몇 명 안 되는 가족 안에서도 서로 뜻이 맞지 않고 관심사가 다르니 자녀 1~2명을 키우는 게 예전에 5~6명의 자녀를 키울 때보다 더 힘들다. 많은 형제들이 서로 영향을 주고받으면서 채워졌던 영역을 이제는 온전히 부모가 채워줘야 하는 몫이 됐다.

빠르게 변하는 사회에서 아이들도 빠르게 변하고 있기에 요즘 부모들은 아이들에게 더욱 세심한 관심을 기울여야 한다. 평소 아이와 시간을 많이 보내는 엄마나 아빠의 변화는 아이에게 한순간에 커다란 변화를 일으키지는 못한다. 물론 오랜 시간 동안 차곡차곡 쌓여 영향을 끼치기는 하지만. 반대로 아이와 많은 시간을 보내지 못하는 엄마·아빠의 변화는 아이에게 단기간에 큰 영향을 끼친다. 아이가 사춘기 정도의 나이라면 그 영향이 더 클 것이다. 책을 전혀 읽지 않던 남편의 작은 변화가 아이와의 관계, 가정의 행복에 큰 영향을 끼쳤으니 이제는 남 편이 아니라 내 편이라고 불러도 되겠지. 남의 편이 아닌 내 편은 현재 한 달에 1~2권의 책을 꾸준히 읽고 있다. 열심히 노력하고 있는 내편에게 지치지 않도록 응원의 박수를 보낸다.

도서관 나들이

국가도서관통계시스템(https://www.libsta.go.kr)에 따르면 2017년 말 기준으로 국가별 공공도서관 수를 살펴보면 미국 9,057곳, 독일 7,414곳, 일본 3,292곳, 한국 1,042곳이었다. 우리나라 공공도서관을 지역별로 살펴보면 경기도 250곳, 서울특별시 160곳, 경남과 전남이 각각 67곳으로 조사됐다. 경기도 중에서 내가 살고 있는 고양시에 17곳이 있는 것으로 나타났다. 국가에서 운영하는 도서관보다 지자체에서 운영하는 도서관이 훨씬 많다.

우리 집에서 5분 정도의 거리에도 지자체에서 운영하는 공공도서관이 3곳 있다. 규모가 큰 도서관이 2곳, 작은 도서관이 1곳. 도서관은 내가 가장 자주 이용하는 곳이다. 대출증도 한 곳에서 만들면 통합으로 사용할 수 있어서 관내 어느 곳에 가든지 편리하게 이용할 수 있다.

책 읽는 아이로 키우기 위해서는 책을 읽을 수 있는 환경을 만드는 것이 중요하다. 우리는 생활 속에서 쉽게 접할 수 있는 것에 익숙해지고, 익숙한 것은 더 자주 접하게 된다.

예전에는 인터넷 쇼핑으로 어떤 물건을 구매하면 결제하는 절차가 너무 복잡했다. 회원 가입을 해야 하고, 결제용 프로그램을 설치해야 하고, 인증을 받고 은행별로 무엇인가를 또 설치하고 인증을 다시 받는 등. 이렇게 복잡한 과정이 싫어서 중간에 포기하고 결국 구매를 취소했던 경험이 여러 번 있다.

하지만 지금은 어떤 물건을 구매하거나 은행 업무를 볼 때 핸드폰을 열면 간편 결제로 숫자 몇 개만 입력하거나, 엄지손가락만 갖다 대면 한 번에 결제가 되니 꼭 필요하지 않은 물건도 구매하는 경우가 가끔 있다. 반대로 구매 취소를 하려면 그 과정이 복잡하니까 충동구매를 했더라도 이미 결제가 끝났으니 그냥 물건을 받을 때가 많다.

어른 아이 할 것없이 핸드폰 중독이 심각한 수준으로 치닫고 있는 이유도 접근성이 좋기 때문이 아닐까? 핸드폰은 언제 어디서나 쉽게 접할 수 있기에 익숙해졌고, 익숙하기에 항상 내 몸의 일부처럼 가지고 다니는 것이다. 마찬가지로 책 잘 읽는 아이로 키우기 위해서는 책 읽는 것이 익숙해 질 수 있는 환경을 만들어줘야 한다. 그렇게 할 수 있는 방법 중 하나가 바로 동네 도서관을 자주 이용하는 것이다.

아이와 함께 도서관에 자주 가야 한다. 공공도서관에 가면 자신이 좋아하는 분야의 책을 마음대로 볼 수 있다. 책을 편하게 읽을 수 있도록 환경을 조성해 놓았다. 푹신한 의자, 넓은 공간, 시원하고 따뜻한 공기, 예쁜 색감의 소품들, 밝은 조명까지. 우리 집보다 훨씬 좋은 환경을 무료로 내가 원하는 만큼 누릴 수 있는 공간이 도서관이다. 처음에는 내키지 않는 발걸음이었을지라도 일단 도서관에 들어가면 이것저것 구경하게 되고, 책 한 권을 뽑아서 자리에 앉고 한 장 두 장 넘기다 보면 책을 읽게 될 것이다.

아이와 함께 동네 공공도서관에 자주 간다. 도서관에서 상영하는 영화도 보고, 프로그램에도 참여하고, 책도 읽고, 책을 빌려오기도 한다. 아이는 어린이 열람실, 나는 성인 열람실에 따로따로 있기도 하고, 어린이 열람실에 같이 앉아서 각자 읽고 싶은 책을 읽기도 한다. 그렇게 책을 읽다가 휴게실에 가서 아이와 컵라면도 먹고 음료수도 하나씩 먹으면 그 맛이 일품이다. 무엇보다 도서관에 가면 책 읽는 아이들이 있어서 그런 아이들을 보는 것이 하나의 자극이 되기도 한다.

학원에 가면 모든 아이들이 학원에만 있는 것 같고, 식당에 가면 모든 사람들이 밥 먹으러 다니는 것 같지만, 도서관에 가면 또 많은 사람들이 열심히 책 읽고 공부하는 모습을 보면서 나도 열심히 해야겠다는 다짐을 한다. 도서관에 내가 원하는 책이 없으면 '상호대차 서비스'를 신청하면 다른 도서관에서 원하는 책을 구해 놓고 나에게 연락해줘서 편하게 대출 받을 수 있다. 반납을 할 때도 도서관 운영 시간에 구애받지 않고 외부에 설치된 무인반납기에 넣어도 되고, 지나는 길에 지하철역이나 대형 마트 등 곳곳에 설치되어 있는 도서반납기에 넣으면 된다. 지역 내 다른 도서관에 반납할 수도 있다. 이렇게 도서관은 이용하기 편리하다.

몇 년 사이 여름 더위가 동남아시아보다 더 심할 정도다. 푹푹 찌는 더위를 피하려고 이런저런 방법을 써 보지만 뭐니뭐니 해도 도서관 나들이가 가장 좋은 방법이다. 아침 일찍 도서관에 가서 책도 읽고 간식도 먹고 공부도 하다가 저녁에 돌아오면 무더위도 피하면서 아이는 방학도 알차게 보낼 수 있다. 그래서인지 아이는 도서관 가는 것을 익숙하게 생각하고 좋아한다. 또 도서관에서 원하는 책을 빌리고 싶을 때는 무작정 가기 전에 집에서 앱을 통해 내가 원하는 책이 어느 도서관에 비치되어 있는지 확인하고 갈 수 있어서 편리하다. 원하는 책이 대출 중일 경우에는 예약 제도를 통해 미리 예약한 후에 받을 수 있다.

도서관에서 운영하는 독서모임에 참여하는 것도 좋은 방법이다. 각 도서관마다 특화된 독서모임 프로그램을 운영하고 있다. 아이들을 위해 여러 가지 독후 활동을 할 수 있는 프로그램도 있고, 분야별로 책을 읽고 토론하는 독서모임도 있다. 저학년을 위한 프로그램과 고학년을 위한 프로그램이 따로 마련되어 있는 경우가 많다. 책을 읽고 그림 그리기, 만들기, 꾸미기 등 연계 활동을 하는 독후 활동은 저학년들에게 안성맞춤이다. 책을 읽고 토론하기, 신문 제작하기, 논설문 쓰기 같은 프로그램은 고학년을 위한 프로그램이다. 이외에도 수많은 전문가들이 나서서 아이들을 위해 도서관에서 프로그램을 운영하고 있다.

각 프로그램은 대부분 분기 단위로 운영하기 때문에 매 분기마다 잊지 말고 접수해야 하는 번거로운 점은 있다. 이는 보다 많은 사람들에게 참여의 기회를 주기 위해서 사용한다고 하니 약간의 수고를 감수해야겠다. 독서모임에 참여하면 또래친구들과 읽은 책에 대해 토론하게 된다. 이때 자신의 생각과 다른 사람의 생각을 비교해 보기도 하고, 나와 다른 관점으로 책을 읽은 사람의 이야기를 들으면서 생각하는 폭을 확장시킬 수 있다.

집 주변에 도서관이 여러 개 있어서 자기 일정에 맞춰 원하는 프로그램을 선택해서 할 수 있다. 내 아들은 도서관에서 하는 독서 프로그램에 자주 참여하는데, 거기에서 만난 친구들과 서로 책을 추천하기도 하면서 끈끈한 정을 쌓아가고 있다.

하지만 도서관을 이용하는 사람의 숫자는 점점 줄어들고 있다. 도서관을 활성화시키기 위해 나라에서는 예산을 늘려가며 시설을 보완하고 있어도 도서관을 이용하는 사람은 점점 줄어들고 있다. 이런 현상은 우리나라 성인의 독서량이 세계에서 가장 낮은 것과도 관계가 깊다고 볼 수 있다. 물론 공공도서관은 이용하지 않고 교보문고같은 업체에서 책을 구입해서 읽는 사람들도 있겠지만 그 숫자는 극히 적다. 참으로 안타까운 현실이다.

동화책으로 아이들과 수업을 진행하기 때문에 우리 집에는 동화책이 많은 편이다. 하지만 내 아이를 위해 따로 구입한 책은 별로 없다. 집에 책이 많아도 아이가 읽고 싶은 책을 모두 구비할 수는 없다. 그래서 자기가 읽고 싶은 책이 있을 때는 도서관을 이용한다. 집에 있는 책이어도 다른 장소, 다른 환경에서 발견하면 또 다른 흥미를 느낀다.

집에 꽂혀 있을 때는 생명력이 없던 책이 도서관에서는 생명력을 발휘하기도 한다. 마찬가지로 내가 수업할 때 아이들에게 빌려주는 책이 자기 집에 있는 경우도 자주 있다. 수업할 때 아이들에게 일주일에 한 권씩 책을 빌려주고 그 책을 집에서 읽은 후에 독서 기록을 작성해 오도록 한다.

아이들에게 숙제로 읽을 책을 건네주면 아이들은 자기 집에 똑같은 책이 있다고 할 때가 종종 있다. 그동안 아이들 집에 있는 책은 그저 책꽂이에 꽂혀 있는 책이었을 뿐이다. 그때까지 꽂혀만 있던 책을 이런 기회에 꺼내서 읽게 된다. 그리고는 '읽어보니 재미있는데 그동안 왜 안 읽었을까?'라는 반응이 대부분이다. 그러면서 자기 집에 꽂혀 있는 책에 관심을 갖게 되어 한 권, 두 권 읽고 나서는 내게 와서 자신들이 대단한 일을 해낸 것같은 자신감으로 내용을 이야기한다. 그럴 때 아이들의 표정은 너무 행복하고 기쁨에 차 있다.

이런 일이 몇 번 반복되고 나면 어떤 아이들은 자기 집에 있는 책을 가지고 와서 나에게 선물로 주기도 한다. 우리 집에 책이 늘어나는 순간이다. 생명력 없던 책에 생명력이 생기는 것을 생생히 느낄 수 있다. 그런 아이들로부터 나는 엄청난 에너지를 얻는다.

지금 당장 아이와 함께 집 근처에 있는 도서관에 가 보자. 도서관에서 아이에게 그림책도 읽어주고 만화책도 함께 보면서 아이와 시간을 보내자. 도서관에서 운영하는 프로그램에도 참여해 보고 무료 영화도 한 편 보자. 그러는 동안 예상하지 못했던 즐거움을 느끼게 될 것이다. 더불어 아이와 한층 더 가까워졌음을 느낄 것이다. 더불어 아이가 점점 책을 좋아하게 되는 것을 발견하는 기쁨도 얻게 된다.

적당한 보상은 필수

　어릴 적 부모님께 용돈을 받기 위해 무슨 일을 할까 고민한 적이 있었다. 친구들은 아빠의 구두를 닦고 용돈을 받았다고 했지만, 우리 아빠는 평소에 구두를 신지 않으므로 내게는 불가능했다. 또 다른 친구는 엄마대신 설거지를 하고 용돈을 받는다고 했지만, 우리 집에서는 설거지뿐만 아니라 나와 동생들의 도시락 싸는 일까지 모두 내 몫이었기에 그것 또한 불가능했다.

　내게 용돈이 필요했던 첫 번째 이유는 동전을 넣고 하는 오락실에서 '너구리'라는 게임을 하고 싶었기 때문이다. 오리같이 생긴 캐릭터가 폴짝 뛰어서 장애물을 피하는 게임이었는데, 엄마 몰래 오락실에 가려면 돈이 필요했다. 그 오락이 재미있기도 했지만 엄마 몰래 한다는 것이 더 재미있었던 것 같다.

　두 번째 이유는 밤에 동생들과 함께 연탄불에 구워 먹을 오징어나 쥐포가 필요했기 때문이다. 아빠는 새벽에 출근했다가 밤늦게 오시는 날이 많았고, 어떤 때는 며칠 동안 집에 못 오시기도 하였다. 구멍가게를 하는 엄마는 가게 방에서 주무시고, 우리 세 자매는 가게에서 100미터 정도 떨어져 있는 다른 집에서 살았다. 엄마와 함께 가게 방에서 저녁을 먹고 나면 세 자매는 가게에서 따로 떨어져 있는 집으로 돌아와 숙제하고 잠자는 형태로 살았기 때문에 밤에는 우리 세 자매만의 공간과 시간이 마련되는 거였다.

세 자매가 한 방에서 자는데 큰언니인 내가 야참으로 먹거리를 준비하고 동생이 연탄불 앞에 쪼그리고 앉아 오징어나 쥐포를 적당한 상태로 구워 오면 이불 속에서 먹는 그 맛이 일품이었다. 물론 엄마가 하는 가게에서도 군것질 거리를 팔고 있지만 엄마는 어지간해서는 우리에게 간식 거리를 주지 않았다. 그래서 집 반대편에 있는 가게에 가서 쥐포나 오징어를 사다가 밤에 구워 먹었다.

용돈이 필요했던 마지막으로 이유는 바로 《캔디》 만화책을 사고 싶었기 때문이다. 그 시절 나의 우상이었던 '테리우스'의 멋진 모습을 간직하기 위해서 만화책을 꼭 사고 싶었다. 이런 나의 소망을 이루기 위해서는 돈이 필요했지만 우리 집 형편에 용돈은 꿈도 꾸지 못했기에 어떻게 하면 돈을 벌 수 있을까를 고민했었다. 그러다가 동네에서 건빵봉투 붙이는 부업을 할 수 있다는 것을 알게 되어 떨리는 마음으로 건빵봉투 공장에 찾아갔다. 아저씨가 이것저것 물어보더니 어떻게 해야 하는지 차근차근 알려주셨다. 아저씨는 다 이해한다는 표정으로 일할 수 있는 만큼의 봉투를 싸서 주셨다. 엄마 몰래 건빵봉투를 집에 잔뜩 가지고 와서는 저녁에 동생들과 상을 펴 놓고 봉투에 풀칠하고 접어서 붙였다. 그렇게 몇 번을 왔다갔다 하면서 봉투를 붙였는데, 어느 날 학교에 갔다 왔더니 장롱 속에 숨겨 놓았던 건빵봉투가 방바닥에 놓여 있었다. 엄마가 어떻게 알았는지 궁금하고 놀랍기도 해서 슬금슬금 엄마 눈치를 보고 있으니 엄마는 돈을 주시면서 다시는 이런 것 하지 말라는 말씀을 하셨다. 엄마께 혼날 줄 알고 겁먹고 있던 나는 엄마의 마음이 어떠했을지는 짐작도 못하고 그저 돈 생긴 게 좋아서 건빵봉투를 갖다 주고 그날 그렇게도 갖고 싶었던 《캔디》만화책을 샀다. 지금까지 산 책 중에서 가장 소중한 책이다. 오랫동안 이사갈 때도 가지고 다녔는데 언제인지 잃어버려서 지금도 내내 아쉽다.

인간이 어떤 행동을 계속 할 수 있는 이유는 여러 가지가 있겠지만 그중 하나가 바로 '보상'이다. 회사에 가기 싫어도 매달 월급으로 보상을 받기에 참고 다닌다. 심부름을 가기 귀찮지만 심부름하고 남은 잔돈이 내 것이 되기에 참고 한다. 농사 짓기 힘들어도 주렁주렁 달린 열매와 풍성한 수확으로 보상을 받기에 참고 한다. 건빵봉투 붙이기를 할 수 있었던 이유도 내가 원하는 것을 할 수 있는 '돈'이라는 보상이 따라왔기 때문이다.

책 읽기도 만찬가지다. 지금 당장 눈에 보이는 유익은 없지만 결국 나에게 도움이 된다는 생각으로 참고 읽는다. 보상이 눈에 보이는 형태로 나타날 때에는 쉽게 참을 수 있다. 그러나 보상이 즉각적이지도 않고 눈에도 보이지 않으면 보상으로서의 효력이 떨어져 그 보상을 쉽게 포기하게 된다. 그래서 가끔은 즉각적이고 현실적인 형태로 보상을 해줘야 한다.

"엄마, 나 책 읽은 걸로 오늘 게임하는데 5분만 쓸게."

"날짜 체크하고 해."

"응."

평소에 아이가 책을 읽는 것에 대해서 따로 보상하지는 않는다. 하지만 방학 하면 아이가 다니는 모든 학원을 쉬고 책 읽고 놀면서 보내게 한다. 다음 학기 선행을 위해 학원 특강까지 등록하면서 방학을 알차게 보내야 한다고 생각하는 엄마들과는 반대로 방학은 학생시절에만 누릴 수 있는 정해진 휴가라고 생각하기 때문이다. 학습은 조금 덜 하더라도 책 읽기는 포기할 수 없기에 방학 동안에 책을 읽게 한다.

방학 중에 아이에게는 미션이 주어진다. 수업할 때 사용하려고 새로 구입한 동화책 목록을 만들어서 아이가 책을 읽은 후 내가 수업할 때 몇 학년에게 적용하면 좋을지, 책의 한 줄 요약, 어떤 분야의 책인지를 체크하는 것이다. 물론 나도 그 책을 모두 읽지만 먼저 아이의 의견을 존중하고 아이가 체크한 내용에 대해 서로 대화를 나누면 아이의 마음 상태를 알아볼 수 있는 효과까지 있다. 그렇게 아이에게 책을 한 권 읽고 리스트를 작성할 때마다 게임을 할 시간으로 사용할 수 있는 혜택을 준다. 아이와 함께 게임 시간을 몇 분으로 할지, 책의 기준을 어떻게 할지 이야기를 해서 정한다. 너무 많은 혜택을 원할까봐 걱정했지만 그건 지나친 걱정이었다. 아이는 내가 생각했던 것보다 훨씬 짧은 시간을 보상으로 원한다.

내가 아이들과 수업할 때 자신이 책을 읽은 이유를 말하는 부분이 있다. 책 읽기를 힘들어 하는 아이는 대부분 책을 읽으면 게임을 할 수 있게 해 준다고 해서 읽었다거나 책 읽으면 용돈을 준다고 해서 읽었다고 대답한다. "책을 읽게 하려고 꼭 보상을 해 줘야 하는가?"라는 질문에 "꼭 그렇다."거나 반대로 "절대 안 된다."라고 대답할 수는 없다. 하지만 적당한 방법의 적당한 보상은 필요하다는 생각이다.

그렇게 '보상을 해 주고 책을 읽게 하면 보상이 사라지면 책도 안 읽게 되는 거 아닐까?'라고 의문을 제기할 수도 있다. 그런데 보상을 받으면서 억지로라도 책을 읽는 동안 아이 마음속에 변화가 일어날 것이라고 믿는다. 다만 그 보상 형태를 어떻게 해야 하는가에 대해서는 솔직히 나도 아직 현명한 방법을 찾지 못했다. 대부분 용돈이나 게임으로 보상을 제공하고 있는데, 그 방법이 꼭 긍정적인 것은 아니라고 생각한다.

보상은 받는 아이 입장에서 받아들일 수 있고 만족을 느낄 수 있는 방법이어야 한다. 용돈이나 게임 이외에 아이들에게 만족감을 줄 수 있는 것은 무엇일까? '적당한 보상'이라는 기준이 각자 다르고 특히 부모의 입장과 아이의 입장이 달라서 '이 정도'라고 확실하게 규정할 수는 없지만, 아이와 함께 대화를 통해 결정하면 될 것 같다. 대화를 해 보면 아이들은 어른들이 걱정했던 것보다 훨씬 더 괜찮은 방법을 제시하는 경우도 많고, 일상생활에서 보여주던 아이의 모습과 다른 모습도 발견하게 될 것이다.

내가 수업하는 아이들에게 주는 보상은 일 년에 두 번 학용품이나 팬시 용품이다. 어린이날과 크리스마스 때 선물을 주는데, 그 때 선물을 받기 위해서 매 수업시간마다 열심히 퀴즈를 풀고 자신의 의견을 나타내야 한다. 그런 과정을 차곡차곡 기록해 두었다가 선물로 보상해 주는 것이다. 내가 준비한 선물이 작은 것이지만 아이들은 자기들이 보상을 받았다는 사실에 만족하고 기뻐한다. 보상을 받기 위한 과정을 성실히 해야 하기에 책 한 권을 읽을 때마다 열심히 꼼꼼하게 읽는다. 그리고 어떤 것을 누가 다음 보상을 받게 될지 기대한다.

이제 한 달 후면 여름 방학이 시작된다. 아이는 벌써부터 방학 동안 자기가 읽을 책이 무엇인지 궁금해 하면서 나에게 이런저런 책을 구입하라고 충고한다. 여름 방학이 시작되기 전에 게임 시간으로 사용하는 방법 말고 다른 방법은 없을까에 대해 이야기를 나눠야겠다. 좋은 방법이 있다면 조언을 얻고 싶다.

인생의 책을 만들어라

"쌤, 오늘 학교에서 '자신의 롤 모델 발표하기' 했어요."

"그래? 지혜 롤 모델은 누군데?"

"제 롤 모델은 쌤이에요~"

"나? 왜?"

"쌤은 일을 즐겁게 하잖아요. 저는 그게 좋아요. 그래서 쌤이 제 롤 모델이에요."

"이거 너무 영광인데. 너도 네가 좋아하는 일이 무엇인지에 대해서 더 깊이 생각해 봐."

"계속 고민하고 찾고 있어요."

"기특하네. 아무튼 오늘 기분 엄청 좋다."

지혜는 중학교 때 흔히 말하는 '왕따'를 당했다. 하루의 대부분을 학교에서 보내는 아이들에게 왕따는 거의 사형 선고와 맞먹는 고통이다. 지혜가 왕따를 당하는 특별한 이유는 없었다. 시작은 아주 단순하게 자기가 하고 싶은 말을 있는 그대로 하는 솔직함(?) 때문이었다.

지혜는 초등 2학년 때부터 나와 함께 수업을 시작했다. 아직 선생님의 도움보다는 엄마와의 친밀함이 더 필요한 시기라고 생각해서 처음에는 수업 요청을 거절했다. 하지만 욕심 많은 성격의 지혜는 자기의 작은 체구에 대한 콤플렉스를 다른 쪽에서 보상받고 싶은 욕심이 컸다. 그래서 남들보다 책도 많이 읽고 글쓰기도 잘하고 싶은 욕심에 수업을 받게 해달라고 계속 졸라서 시작했다. 수업할 때 드러나는 지혜의 당돌함 때문에 내가 당황한 적도 몇 번 있었고, 또박또박 말대꾸하고 친구의 말꼬리를 잡고 늘어지는 성격 때문에 친구들에게 핀잔을 듣기도 했다. 지혜가 하는 말이 내용은 맞는 경우도 있었지만, 표현 방식을 다른 사람들이 쉽게 받아들이지 않아서 갈등이 생기는 경우가 대부분이었다. 그런 지혜의 성격이 점점 자라면서 나아지리라고 생각했지만, 타고난 성향인지 자신의 고집인지 잘 바뀌지 않았다. 그래도 무엇이든 열심히 하는 지혜가 나는 예뻤다.

그런데 중학생이 되니 초등학생 때와는 달리 아이들도 사춘기에 들어서면서 예민해지고 자기 주관이 뚜렷해지니 둥글둥글하지 못한 지혜의 성격을 있는 그대로 받아들여주지 않았고 그것이 왕따로 이어지게 된 것이다. 처음에는 1~2명의 아이들이 지혜에게 직접적인 위해를 가

하고 왕따시켰다. 그 시간이 길어지면서 좀 더 많은 아이들이 동참하게 되고 나머지 아이들은 방관자가 되었다. 왕따를 당하는 지혜는 갈수록 의기소침해지고 자신감을 잃어서 성적도 많이 떨어지고 매사에 소극적인 아이로 변해갔다.

지혜가 왕따로 힘든 시간을 보낼 때 어떤 도움도 줄 수 없는 나 자신이 참 부족하게 느껴지기도 했다. 학교에서 있었던 일을 이야기하며 엉엉 우는 지혜를 꼭 안아주는 것밖에 할 수 없었다. 그 시절 지혜에게 내가 해 줄 수 있는 것은 단지 '나는 너를 믿는단다. 나는 너를 지켜주고 싶다'라는 눈빛과 메시지를 보내며 말없이 곁에 있어 주는 것뿐이었다. 다행히 지혜는 힘든 시기를 책을 읽으면서 잘 견뎠다. 그때 지혜가 가장 자주 읽었던 책이 《꽃들에게 희망을》이다. 지혜는 그 책을 읽으면서 눈앞에 보이는 애벌레 기둥이 아니라 날개를 활짝 편 나비를 보려고 노력했다. 자신도 나비가 되기 위해서 무엇을 해야 하는지 생각하고, 자신의 꿈이 무엇인지 고민했다. 그리고 지금 당장 자신이 해야 할 일은 '학교 공부'라고 결론짓고 열심히 공부했다.

중학생 시절을 힘들게 보내고 고등학생이 된 지혜는 자신과 마음 맞는 친구를 사귀게 되었다. 그 친구와도 가끔씩 삐걱거리고 위기의 순간이 있었지만 슬기롭게 해결해가는 모습을 조마조마한 마음으로 지켜보고 있었다. 왕따 트라우마에서 완전히 벗어나지는 못했지만 그래도 학교 생활을 잘 해나가고 있던 아이에게 그런 말을 들으니 너무 감격스러웠다.

우리가 인생을 살아가는 데 '롤 모델'이 있으면 길을 헤매지 않고 앞으로 나아갈 수 있다. 롤 모델로 정한 사람이 먼저 걸어간 길을 따라가면 불안감을 줄일 수 있고, 목적지가 보이니 힘들어도 쉽게 포기하지 않을 수 있으니 얼마나 큰 이정표인가. 인생을 살아가는 데 롤 모델이 필요하듯이 책을 읽는 데도 '자신만의 책' 한 권쯤 있으면 좋다. 힘든 일이 생겼을 때, 목표를 잊고 있을 때, 위로가 필요할 때 등 다양한 순간에 '인생의 책'이 있다면 큰 도움이 된다.

나의 첫 번째 인생의 책은 《누가 내 치즈를 옮겼을까》다. 내가 하고 싶은 일을 찾지 못해 헤매고 있을 때 읽은 책이다. 변화를 두려워 하고 자꾸만 현실에 주저앉고 싶은 나에게 '일어서라고', '움직이라'고 끊임없이 말을 건네준 책이다. 그 책은 "조금 늦게 일어나 천천히 옷을 입고 (중략) 운동화는 아예 슬리퍼로 바꿔 신었다."던 햄과 허처럼 익숙한 것에 자신을 맡기고 자신의 자리가 아니라는 내면의 목소리에도 불구하고 두려워서 움직이지 못하던 나에게 치즈가 없어질 것이라고 강력하게 경고했다. 새로운 일을 찾아 마음은 기뻤지만 경제적인 이유로 갈등이 생길 때마다 혼자 길을 떠난 허가 새로운 N 치즈를 발견한 내용이 나에게도 희망을 갖게 해 줬다. 짧은 이야기지만 그 속에 담긴 무한한 의미가 내 삶에 많은 영향을 끼친 책이다. 얼마나 여러 번 반복해서 읽었는지 모른다. 신기한 것은 그렇게 여러 번 읽었는데도 읽을 때마다 새롭게 다가온다는 것이다.

나의 두 번째 인생의 책은 《꿈꾸는 다락방》이다. 《씨크릿》, 《꿈꾸는 다락방》,《왓칭》처럼 '끌어당김의 법칙'에 관한 책이 유행하던 때, 나는 그런 책을 얕잡아보는 교만함이 가득했다. 책에서 주장하는 대로 간절히 원하고 그것이 이미 이루어졌다고 상상하면 현실에서 실현된다는 말이 사기꾼의 거짓말처럼 들렸었다. 그렇게 된다면 누구나 자신이 이루고 싶은 것을 상상으로 끌어당겨서 현실에서 실현시킬 수 있지 않을까? 그것이 가능하다면 현실에서 부딪치는 문제는 모두 '끌어당김의 법칙'으로 해결하면 되는데, 왜 그렇게 많은 사람들이 여러 가지 어려움에서 헤어나지 못하고 힘들게 살고 있는가? '끌어당김의 법칙이 마치 모든 것을 해결해주는 마법처럼 이야기하는데 그런 건 사기와 같다'고 생각했다. 그런데 '사람이 물에 빠지면 지푸라기라도 잡는다'라는 속담처럼 내게도 10년간 해결하지 못한 문제가 있었다. 그 문제가 해결되어야만 그것과 얽힌 여러 가지 문제를 해결 할 수 있는데 도저히 방법이 없었다. 10년이라는 시간 동안 '어떻게 되겠지'라는 마음으로 기다렸지만 이제는 더 이상 마냥 방치하고 있으면 안 될 상황에 다다른 것이다. 그래서 최후의 방법이라고 생각하고 정말 간절한 마음으로《꿈꾸는 다락방》을 다시 읽고 책에서 제시하는 대로 했다. 처음에는 의심 반, 믿어야 한다는 강요 반으로 시작했다. 시간이 갈수록 진실한 믿음이 필요하다는 생각으로 억지로 라도 믿고 실천했다. 그런데 정말 신기하게도 내가 겪고 있던 문제가 해결됐다. 물론 단순히 상상으로 끌어당겨서 해결되었다고는 생각하지 않지만 그 영향이 전혀 없다고도 생각하지 않는다. 그 덕분에 지금은 복잡한 문제를 해결하고 큰 걱정없이 편안한 마음으로 지내고 있다. 정말 간절히 원하는 것이 있다면 한 번 실천해 보길 추천한다.

세 번째 인생의 책은 《독서 천재가 된 홍 팀장》이다. 이 책을 읽기 전까지는 책을 읽으면서 그 목적이 다른 사람에게 선한 영향력을 끼치기 위해서라고 생각한 적이 없었다. 책을 읽는 목적은 보다 나은 나 자신을 만들고, 현재 하고 있는 일에 도움이 되기 때문이었다. 목적이 '나'를 중심으로 설정되어 있었기 때문에 주로 나의 필요를 채울 수 있는 책을 읽었다. 심리학, 고전, 동화책 등등. 특히 자기계발 관련 책은 깊이가 없고, 외적인 변화, 현실의 변화를 추구해서 가치가 없다는 얼토당토 않은 생각을 가지고 있었다. 특히 우리나라 작가가 쓴 자기계발서는 수준이 떨어진다는 생각을 했다. 정말이지 무식해서 용감한 경우였다. 그런데 그런 책을 한 권 두 권 읽다 보니 내 생각이 얼마나 어이없는 것이었는지를 조금씩 깨닫게 되었다. 그러던 중에 읽은 책이 바로 《독서 천재가 된 홍 팀장》이다. '이 세상에 좋은 영향력을 끼치지 못한다면 독서는 의미가 없다'는 핵심 내용을 통해 나도 독서로 사람들에게 선한 영향력을 끼치는 삶을 살아야겠다는 인생 후반기의 목표를 갖게 되었다. 무엇보다도 나 자신을 위한 독서가 아니라 세상에 조금이라도 좋은 영향을 끼치기 위한 독서라는 것이 참 매력적이다.

아이들에게 가장 인상적인 책이 무엇인지 물어보면 쉽게 대답하지 못한다. 그러면 나는 아이들에게도 '인생의 책'을 한 권씩 정해보라고 한다. 만화책도 좋고, 동화책도 좋고, 그림책도 좋고 자신이 수시로 펼쳐볼 수 있는 책을 정하라고 한다. 인생의 책이 지금은 이것이지만 나중에 바뀌어도 된다. 앞으로 살아가면서 다양한 경험을 하게 될 아이들이 한 번 정한 책을 끝까지 자기 인생의 책으로 가지고 가야 할 이유는 없으니까. 하지만 인생의 책이 한 권쯤 있는 것과 없는 것은 삶을 대하는 태도에서 차이가 있다. 현재 아들이 정한 인생의 책은 삼전초등학교 축구부 아이들의 이야기를 바탕으로 쓴 《우리 함께 뛰는 거야》라는 동화책이다. 감독님의 지도로 축구 자체를 즐길 수 있게 되는 과정을 그린 내용이다. 다양한 아이들의 모습을 통해 친구들을 이해할 수 있고 자신이 하는 일을 즐기고 있는지 생각해 볼 수 있어서 좋단다.

《어린 왕자》, 《갈매기의 꿈》, 《논어》, 《삼국지》, 《소크라테스》, 《목민심서》, 《꽃들에게 희망을》 등 유명 인사들이 자신들 인생의 책으로 꼽는 책이 아니어도 괜찮다. 자신에게 깊은 인상을 주는, 자신이 지쳤을 때 힘을 주는 그런 책 한 권쯤을 인생의 책으로 만들면 좋겠다.

현재 지혜는 초등학교 교사로 아이들과 함께 즐겁게 생활하고 있다.

내가 만난 아이들 4

20년이 넘는 세월 동안 아이들에게 독서 지도를 하면서 수많은 아이들을 만났다.

처음 시작했을 때 만난 초등학생이 어느새 대학생, 사회인이 되었으니 참 세월이 빠르다. 현석이는 이미 직장인이 되어서 첫 월급을 탔을 때 나에게 점심을 사 주기도 했다. 현아와 지혜는 초등학교 교사로 아이들을 가르치고 있다. 농담으로 내 아들은 그들이 지도하는 학교로 보내고 싶다는 말을 하면서 함께 웃기도 했다. 우리 집에 와서 수빈이와 함께 파자마 파티를 했던 호정이는 중국에서 공부하고 싶다는 소망을 갖고 있었다. 중국으로 가기 위해 열심히 준비하더니 지금은 중국에서 공부하고 있다. 책 읽는 것보다는 운동을 좋아하던 정수는 운동보다는 공부에 더 집중하고 있는 고등학교 2학년이 되었다. 나와 함께 수업했고 가족이 캐나다로 이민을 가서 오랜만에 만난 상준이는 나를 보자 처음에 한 말이 "선생님도 이제 많이 늙었네요."였다. 녀석이 어느새 커서 나를 놀리다니. 내가 몸으로 낳은 아이는 한 명이지만 마음으로 낳은 아이는 셀 수 없이 많다.

나와 함께 수업했던 아이들 대부분은 내가 계획한대로 잘 따라왔고 책도 많이 읽고 평범하게 자랐다. 그런데 몇몇 아이는 나와 수업하는 동안 별다른 진전을 보이지 못했고 결국에는 예상보다 일찍 수업을 그만두기도 했다. 그런 아이들 중 한 명이 동훈이(가명)다.

동훈이는 성격이 명랑하고 에너지가 넘쳐서 밖에서 노는 것을 좋아한다. 유치원 다닐 때부터 끝나면 집으로 가지 않고 놀이터에서 저녁 늦게까지 놀았다. 놀이터에서 항상 만날 수 있는 고정 멤버가 몇 명 있었는데, 그중 한 명이 내 아들과 동훈이다. 놀기 좋아하는 동훈이는 운동에도 소질이 있어서 수영, 야구를 특히 잘했다. 동훈이는 특히 어려운 친구를 살뜰하게 챙기는 인정 많은 아이다. 사정상 부모님과 함께 살 수 없어서 할머니와 함께 사는 아이가 있었다. 동훈이는 늘 그 아이와 함께 다니고 간식도 나눠 먹고, 때때로 엄마를 졸라 자기 집에 데리고 가서 저녁까지 함께 먹기도 했다. 내 아들은 사교성이 부족한 편이라서 그렇게 사교적이고 활달한 동훈이가 너무 귀여웠다.

동훈이가 초등학교에 입학할 때부터 동훈이 엄마도 직장에 나가게 됐다. 동훈이는 외동이고 엄마·아빠가 맞벌이를 해서 혼자 있는 시간이 많아졌다. 초등학교 저학년 때는 학교 끝나면 학원 일정을 따라다니다가 집에 가면 어느새 저녁 때가 된다. 조금 기다리면 엄마가 퇴근하고 돌아와 밥 먹고 치우면 늦은 시간이 되었다. 때때로 동훈이는 학원에 가야 하는 시간을 잊어버리고 친구들과 저녁 때까지 마냥 놀기도 했다. 아직 어린 나이인데도 병원에도 혼자 가고, 편의점에서 간식도 혼자 사 먹는 동훈이가 기특하기도 하고 안타까웠다. 동훈이 엄마도 새로 시작한 일에 적응하느라 힘든 나날을 보냈다. 엄마는 회사 일에 집안일까지 도맡아 하느라 동훈이의 학습에는 거의 신경을 못 쓰고 그저 학원에만 의탁하는 상태였다.

동훈이가 초등학교 3학년이 되었을 때 동훈이 엄마는 사정을 잘 알고 있는 나에게 수업을 부탁했다. 혼자서는 책을 펼쳐보지도 않으니 수업을 받으면 숙제로 라도 책을 읽지 않겠냐는 것이었다. 하지만 몸으로 노는 것을 좋아하는 동훈이에게 책읽기는 거의 고문당하는 수준이었다. 또 이미 노는 것에 익숙해진 동훈이가 가만히 앉아서 한 시간을 집중한다는 건 불가능한 일이었다. 숙제로 내 준 책을 1주일 동안 집에서 1번 읽고 와야 하는데 매번 책을 안 읽고 왔다. 책 내용을 모르니 당연히 수업에 대한 흥미도도 점점 떨어졌다.

나와 하는 수업은 기본적으로 책을 읽고 와야 한다는 전제 조건이 있었다. 책을 안 읽고 온 동훈이는 친구들과 토론하거나 퀴즈 진행을 할 때 눈만 껌뻑거리고 있어야 했다. 몇 번 동훈이 엄마에게 아이가 책을 읽고 올 수 있도록 해 달라고 부탁했다. 동훈이 엄마도 자기가 제대로 돌봐주지 못해서 그런 것 같다며 속상해 했다.

그러면서 아빠도 교육에 대한 책임감을 분담해야 한다며 동훈이 아빠에게 동훈이가 책을 읽을 수 있도록 하라는 책임을 지워줬다. 동훈이는 아빠를 무서워 해서 아빠가 그 역할을 맡은 몇 주는 억지로라도 책을 읽고 왔다. 아빠의 감시 속에서 책을 읽은 동훈이는 책 읽기는 곧 아빠의 감시, 거절하면 매 맞기라는 공식이 생겨서 아빠의 감시를 피할 수 있는 방법을 궁리하기 시작했다.

처음에 동훈이는 숙제로 읽어야 하는 책에 대해서 다른 친구가 쓴 내용을 베껴왔다. 그리고는 마치 자기가 읽은 것처럼 행동했다. 동훈이 아빠는 동훈이가 증거로 내 놓은 공책을 보고는 동훈이의 말을 믿고 점점 자신의 역할을 소홀히 하기 시작했다. 한 번 두 번 자신의 행동에 어른들이 속아 넘어가는 것을 본 동훈이는 점점 대담해져서 나중에는 친구의 노트를 찢어서 자기 노트에 붙이기까지 했다. 그러고는 노트를 안 가지고 가서 다른 노트에 써서 붙였다는 거짓말까지 했다.

이런 동훈이의 태도를 훤히 알고 있는 나는 고민에 빠졌다. 이 사실을 동훈이 부모님께 알리면 동훈이는 엄청 야단을 맞을 테고(동훈이 아빠는 동훈이를 심하게 때린다) 그렇다고 모른 척하고 있자니 내 양심이 허락하지 않고…. 몇 번이나 동훈이에게 이런 행동을 하면 안 된다는 것을 이야기했지만 내 말은 '소 귀에 경 읽기'였다.

동훈이가 5세 때부터 같은 동네에 살면서 옆에서 지켜봤고 내 아들과도 함께 자주 놀아 동훈이의 집안 사정에 대해 알기 때문에 동훈이를 도와주고 싶었다. 나와 수업하러 와 있는 시간만이라도 올바른 생각과 행동을 할 수 있도록 가르치고 싶은 마음이었다. 비록 책은 안 읽어오더라도 오랜 시간 동안 혼자 있어야 하는 아이의 상황이 안타까워 신경을 많이 썼다. 책 읽기보다 더 중요한 것이 올바른 가치관 형성이라고 생각하기 때문에. 나도 일하는 엄마로서 '내가 모르는 아들의 모습은 어떨까?'에 대해서도 생각해 보는 계기가 되기도 했다.

내가 아무리 동훈이를 감싸고 보호해주려고 해도 함께 수업받는 친구들에게 동훈이가 짐이 되는 건 사실이었다. 책을 안 읽어 와도 크게 혼나지 않는 동훈이를 보면서 다른 친구들도 슬금슬금 핑계를 대면서 책을 끝까지 안 읽어오기도 했다. 팀 수업을 하는 목적이 서로에게 자극을 주고 좋은 영향을 끼쳐서 시너지 효과를 보기 위함인데 동훈이 때문에 오히려 역효과가 나타나는 것이었다.

함께 수업받는 아이들이 조금씩 책임을 다하지 않는 모습을 보면서 나의 고민은 깊어졌다. 나의 노력에도 불구하고 시간이 흐를수록 동훈이는 점점 엇나갔다. 처음에는 학교에서 청소 때문에 늦었다며 수업시간에 몇 분씩 늦더니 나중에는 아예 수업을 빼 먹기도 했다. 내가 전화를 하면 동훈이는 전화를 안 받고, 수업이 끝날 시간이 되면 청소 때문에 늦게 끝나서 못 왔다거나 배가 아파서 집으로 갔다는 등 핑계를 댔다. 동훈이와 같은 반 친구는 나에게 동훈이가 학교에서 했던 여러 가지 만행을 신이 나서 낱낱이 전달하기도 했다. 나도 어릴 때 거짓말을 한 경험이 있어서 거짓말은 아이들이 커가는 과정에 누구나 한 번쯤은 있을 수 있는 일이라고 생각하며 동훈이를 이해하려고 했다. 그래도 내 앞에서 눈도 깜빡하지 않고 거짓말을 태연하게 하는 모습에는 화가 나기도 했다.

한 번은 동네 문구점에서 동훈이가 몰래 물건을 훔쳐서 들고 나오다가 걸려서 경찰이 출동하는 일까지 생겼다. 그 일은 또다시 아이들 사이에서 이야깃거리가 되었다. 삼삼오오 모여서 작은 물건을 슬쩍했는데, 그날은 동훈이와 함께 들어온 아이의 행동이 이상해서 지켜보던 문구점 주인에게 현장에서 붙잡힌 것이다. 나는 더 이상 동훈이를 이대로 두면 안 되겠다고 생각했다. 그래서 동훈 엄마를 만나 지금까지 있었던 일에 대해 상세하게 이야기했다. 물론 중간중간 동훈 엄마랑 소통했기 때문에 동훈 엄마도 어느 정도는 알고 있었다. 그래도 자기가 알고 있던 것보다 훨씬 더 심각한 동훈이 상태를 알고 충격에 빠졌다. 동훈이 엄마는 울음을 터트렸다.

동훈이 엄마는 그동안 말 못한 가정환경에 대해 털어놨다. 내가 알고 있었던 것보다 훨씬 심각한 상황이었다. 아빠가 생활력이 없어서 일을 제대로 하지 않고 술을 마시면 폭력을 쓴다는. 부부싸움이 잦아서 동훈이가 삐뚤어진 것 같다고…. 동훈이 엄마의 마음도 이해되고, 안타깝기도 했지만 동훈이에게는 지금 책 읽기보다 부모님과의 시간이 더 절실하다는 생각은 변함이 없었다.

그날 이후 동훈이는 나와 수업하지 않았다. 동훈이는 자기가 그렇게 싫어하던 수업을 그만두었다는 사실에 매우 만족한다. 당연히 책은 손으로부터 멀리 날아갔다. 동훈이가 수업을 그만두면서 함께 수업하던 친구들도 새로운 분위기로 전환되었다. 처음에 아이들은 동훈이를 부러워하며 자기도 자유 시간을 갖고 싶다고 했지만 지금은 열심히 하고 있다. 동훈이 엄마는 아이를 위해 직장을 그만둘까 생각했지만 현실적으로 그럴 수 없는 상황이라서 결국 처음과 같은 상황으로 지내고 있다.

같은 동네에 살고 있어서 오다가다 가끔 동훈이를 만난다. 나를 보면 해맑은 표정으로 인사하는 동훈이가 나는 지금도 안타깝다.

'내가 조금 더 노력했다면 과연 동훈이는 달라졌을까?'

5
함께 써 볼까요

지금까지 책 읽기에 대해서 이야기했다. 책 읽기도 중요하지만 읽은 내용을 자기 방식으로 표현하는 것도 매우 중요하다. 책을 많이 읽지만 제대로 표현하지 못 하는 아이도 있고, 반대로 책은 많이 읽지 않았지만 잘 표현하는 아이도 있다. 읽기만 하고 표현하지 않을 때보다 어떤 방식으로든지 자신이 읽은 것을 표현해야 온전히 자기 것이 되는 경우가 훨씬 많다. 표현하는 것도 재능이고, 능력이다.

요즘은 학교에서도 아이들에게 발표할 기회를 많이 주는 교육을 시키기 때문에 아이들이 자신의 의견을 말하는 데 대해 부담감이 덜하기는 하다. 그래도 책을 읽고 자신의 생각을 표현하는 데는 서툴다. 아이들이 조금이라도 쉽게 독후감을 쓸 수 있게 하려고 내가 고민하고 만든 여러 가지 양식에 대해 설명하려고 한다. 내가 'OO독후감'이라고 이름 붙인 것도 지극히 주관적인 분류고, 독후감 쓰는 순서도 기본적인 틀을 만들어 놓은 것이다. 이 방법이 정답도 아니고 꼭 이렇게 써야 하는 것도 아니다. 다만 오랜 시간 동안 아이들에게 도움이 되고 있으니 적용해 보는 것도 좋겠다.

편지 형식으로 쓰는 독후감

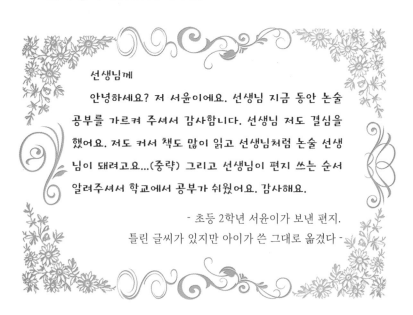

선생님께

안녕하세요? 저 서윤이에요. 선생님 지금 동안 논술 공부를 가르쳐 주셔서 감사함니다. 선생님 저도 결심을 했어요. 저도 커서 책도 많이 읽고 선생님처럼 논술 선생님이 돼려고요...(중략) 그리고 선생님이 편지 쓰는 순서 알려주셔서 학교에서 공부가 쉬웠어요. 감사해요.

- 초등 2학년 서윤이가 보낸 편지.
틀린 글씨가 있지만 아이가 쓴 그대로 옮겼다 -

초등학교 2학년 교육과정 중에 편지 쓰기가 있다. 편지를 쓸 때 들어가는 요소와 편지 쓰는 순서에 대해 배운다. 그런데 아이들은 초등학교 2학년이 되기 이전에 이미 수많은 편지를 쓴다. 부모님께, 선생님께, 친구에게. 부모라면 아마도 아이에게 받은 편지가 커다란 상자를 가득 채울 만큼 있을 것이다. 삐뚤삐뚤 쓴 편지부터 제법 철이든 것 같은 표현을 쓴 편지까지. 그 편지를 한 번씩 꺼내보면 우리 아이가 언제 이렇게 컸는지 새삼스러울 때가 있다. 편지 내용은 대부분 '사랑해요. 고맙습니다'로 똑같지만 그 속에 담긴 아이의 마음을 읽을 수 있다. 지치고 힘들 때 아이에게 받은 편지를 읽다 보면 입가에 미소가 떠오르고 에너지가 충전되는 경험을 한 적이 있을 것이다.

편지란 추억을 소환하는 강력한 도구 중 하나이다. 책을 읽고 독후감을 쓸 때 가장 많이, 가장 쉬운 방법이 바로 책의 주인공에게 편지 쓰기이다. 부모님께 사랑의 메시지를 전하는 편지, 친구에게 편안하게 이야기하듯 쓰는 편지처럼 주인공에게 하고 싶은 말을 편지 형식으로 쓰는 것이다. 편지 형식으로 독후감을 쓰려면 가장 먼저 편지 쓰는 순서를 알아야 한다. 누구에게 편지를 쓰는지 생각한 후 인사를 한 다음 본격적으로 하고 싶은 말을 한다. 다음에 마무리하면서 인사를 건네고, 편지 쓴 날짜와 쓴 사람을 적는다. 하나씩 좀 더 자세하게 살펴보자.

받는 사람은 주로 책 속의 주인공 또는 마음에 드는 등장인물이다. 받는 사람이 편지를 쓰는 아이와 또래일 경우에는 친근하게 이름을 부르는 듯이 하면 된다. 동화는 대부분 아이들이 주인공이기 때문에 'OO에게'와 같은 식으로 쓸 수 있다. 받는 사람이 어른일 경우에는 '~에게' 대신 '~께'라고 높여서 쓰면 된다.

"선생님, 주인공이 6학년인데 존댓말로 써야 해요?"

"왜?"

"저는 3학년인데 주인공이 저보다 높은 6학년이니까요."

"그렇구나. 그런데 아린아, 너 언니 있지?"

"네"

"언니는 몇 학년이야?"

"중 1이요."

"그럼 언니한테 존댓말 하니 반말 하니?"

"아! 알았어요."

몇몇 아이들이 꼭 하는 질문이다. 집에서는 형제자매끼리 반말하고 엄청 싸우면서도 책 속 주인공에게는 존경심이 생기나 보다. 유난히 주인공 나이를 따지는 아이들을 보면 우습기도 하고 귀엽다.

받을 사람을 썼으면 이제 첫인사를 쓸 차례다. 책 속 주인공에게 가벼운 인사로 시작한다. '안녕?' '만나서 반가워!' 등과 같이 쓰고, 편지를 쓰는 내가 책 속 주인공을 어떻게 알게 되었는지 간단하게 써 준다. 예를 들면 '나는 너를 OOO 이라는 책을 읽고 알게 되었어'와 같이 쓰면 된다. 또는 그 책을 읽게 된 이유를 간단하게 설명해도 좋다. '치과 검진하러 병원에 가서 기다리는데 이 책이 있어서 읽고 너를 알게 되었어'처럼. 어떤 아이들은 주인공에게 인사를 한 후 자기가 사는 곳을 자세하게 쓰는 경우도 있고, 반대로 개인 정보라면서 XX시에 사는 OOO

이라고 쓰는 경우도 있다. 이런 경우에는 간단하게 이름만 쓰라고 말해 주기도 한다.

그다음 본격적으로 주인공에게 하고 싶은 말을 쓴다. '할 말'에 속하는 부분이다. 이때 주의할 점은 책의 여러 내용 중에서 내가 주인공과 이야기 나누고 싶은 주제를 한 가지 정한다. 책 내용에는 여러 가지 주제가 들어가 있고 그 주제가 다 좋은 것들이지만, 너무 많은 이야기를 하려고 하면 오히려 전달력이 떨어진다. 그래서 한 가지 주제를 정해서 그것에 대해서만 강력한 메시지를 전달하는 것이 좋다. 《나눔대장》이라는 책으로 예를 들면 주제를 지역아동센터, 나눠줄 물건을 고르는 기준, 도와주는 사람과 도움 받는 사람의 입장 등을 생각할 수 있다. 이 중에서 한 가지 주제를 골라 그 주제에 대해서만 이야기한다. 자기가 선택한 주제에 관련된 책의 내용을 생각하며 주인공에게 질문도 하고 자신의 경험도 들려주는 식으로 문장을 쓴다. 주제를 한 가지로 정해 놓고 쓰면 문장에 일관성이 있어서 훨씬 읽기 편하고 이해하기도 쉽다.

처음에 아이들은 주제 정하기를 어려워 하니까 부모님이 몇 개의 주제를 예로 들어 주면 나중에는 스스로 정할 수 있게 된다. 아이가 정한 주제를 보면 어떤 부분에 초점을 맞춰서 책을 보고 있는지를 파악할 수 있다. 또한 정한 주제가 아이가 현재 관심을 갖고 있는 분야인 경우가 많아 대화할 때 도움이 된다. 혹시 책과 연관성이 없는 다소 엉뚱한 주제를 정하더라도 아이에게 그 이유를 물어보면 예상치 못한 대답을 들을 수도 있으니 너무 빨리 단정 짓지 않도록 조심해야 한다.

책 읽은날   20 17 년 12 월 13 일 (수 요일)

도서명	지은이(엮은이)	출판사

어미개   박기범   낮은산

✻ 편지 독후감 3형식 ②   ~다. 8만
         주제 : 새끼

할머니께
 안녕 하세요? 저는 감자예요,
 할머니, 제가 새끼 많이 나아서 좋으
셨어요① 제가 새끼를 낳고 팔았을때
조금속상 했어요② 하지만 할머니를 조금
이라도 도와드릴수 있어서 기뻤어요③
그런데 팔려간 새끼들이 한 번씩은
보고 싶었어요④ 새끼들이 어떻게 사는지
궁금해요⑤ 할머니는 새끼 안 보고
싶으세요⑥ 저는 엄청 보고싶은데⑦할머
니는 그 새끼들 귀여웠어요⑧ 저는 엄청
귀여웠어요⑨
V 다음에 같이 새끼 보러가요, 안녕
히계세요,
       2017년 12월 13일 수요일
       감자올림

12-34-56   점 6개

책 읽은날	20 년 월 일 (하 요일)	
도서명	지은이(엮은이)	출판사
가방 들어주는 아이	고정욱	사계절

★ 편지 독후감 2 형식 ②

주제 : 가방 들어 주는 일

✓ 지우에게

✓ 안녕! 난 석우야. 나는 너가 읽은 '가방
들어주는 아이'의 주인공 이야.

✓ 지우야. 너도 혹시 친구가방을 들어준적
있 니? 나는 그년 동안 영택이 가방을 들어줬어.
왜냐하면 영택이가 다리가 아파서 야.
난 영택이 가방을 들었을때 나는 처음 그일을
억지로 했어 근대(그런데) 이젠 억지로 안하고
즐겼어. 너도 누구 가방을 들어줄 때
4 중엔 재밌어 질거야. 그러니까 가방 들어
주는 일을 억지로 하지마.

✓ 가방 들어 줄때 기뻣 마음으로 들어줘.

그 검안녕

✓

2019년 7월 9일

✓ -석우가 -

편지에서 가장 핵심적인 부분이 바로 할 말을 쓰기이다. 아이들이 충분히 이야기할 수 있도록 유도해주고, 무슨 말을 써야 할지 모르겠다고 할 때는 쓰려고 하는 주제가 아이에게 너무 어려운 것은 아닌지 잘 살펴봐야 한다.

간혹 주제로 정하기에는 그럴 듯하지만 막상 자신의 평소 생각과는 맞지 않아서 힘들어 하는 경우가 있다. 할 말을 쓰면서 문장이 잘 이어지지 않을 때는 자신이 쓴 문장을 반복해서 읽게 하면 생각의 물꼬가 트여서 문장을 이어갈 수도 있다. 또는 지도하는 어른이 아이가 쓴 문장을 또박또박 의미 단위로 끊어서 읽어 주면 아이가 힌트를 얻는 경우도 많다. 한 가지 주제를 정해서 쓸 때 문단의 길이가 너무 짧아질 수 있으니 몇 문장으로 쓰라고 정해 주면 서서히 문단의 길이를 늘려 나갈 수 있게 된다.

주인공에게 하고 싶은 말을 다했다면 이제 끝인사로 마무리를 할 차례다. 다짜고짜 '그럼 안녕'이라고 인사말을 쓰는 것보다 할 말에서 정했던 주제를 다시 한 번 강조하면서 끝인사를 써 준다. 그것을 나는 아이들에게 설명할 때 '어쩌구 저쩌구 안녕~'이라고 설명한다. 주제를 다시 한 번 강조하면서 아이가 글을 쓰는 동안 끝까지 집중할 수 있게 하려는 의도도 포함된다.

이제 인사까지 했으니 편지 쓴 날짜와 쓴 사람을 쓰면 끝이다. 보내는 사람은 처음에 받을 사람과 마찬가지로 어른께 썼을 때는 마지막 쓴 사람도 'OO 올림'이나 'OO 드림'으로 자신을 낮춰서 예의 있게 표현하고, 그렇지 않을 경우에는 'OO 씀' 또는 'OO 이가'처럼 쓰면 된다.

편지는 보통 내가 책 속 주인공이나 등장인물에게 쓰는데, 여기에서 한 발짝 더 나아가 입장을 바꿔서도 쓸 수도 있다. 책 속의 주인공이 나에게 쓰게 하거나, 책 속 주인공이 같은 책의 등장인물에게 쓰는 식이다. 이렇게 입장을 바꿔서 쓰는 연습을 하면 아이들은 상대방의 입장이 되어 상대방을 조금 더 이해할 수 있게 된다.

가장 간단하고 보편적인 편지 쓰기를 통해서 책을 읽고 느낀 자신의 감정을 표현하는 연습을 자주 하면 좋겠다.

동화책을 읽었다면 이렇게 써 보자

"선생님, 제가 오늘 학교에서 앞에 나가서 우리 반 애들한테 동화독후감 쓰기를 가르쳤어요."

"그래? 어떻게 된 건데?"

"담임선생님이 제가 숙제로 쓴 독후감을 보고 저한테 나와서 설명해 보라고 하셔서요."

"우와~ 민규 엄청 으쓱했겠는데!"

"이제 독후감 쓰기 자신 있어요."

"민규 멋지다, 파이팅!"

민규는 신이 나서 나에게 한껏 뽐내며 자랑을 한다. 글씨는 알아보기 힘들 정도로 삐뚤삐뚤 쓰지만 책을 읽고 내용 파악을 잘 하고 자신의 생각을 잘 표현하던 민규의 독서록이 담임선생님 눈에 띄었나 보다. 국어 시간에 담임선생님이 민규에게 앞에 나와 아이들에게 동화독후감 쓰는 방법을 알려주라고 하셨다는 것이다. 민규는 부끄러워 하면서도 친구들에게 자기가 배운 것을 차근차근 설명했다고 했다. 아이들이 전해 주는 이런 피드백이 지금까지 내가 계속 일할 수 있는 원동력이다.

수업할 때 사용하는 교재가 동화책이다. 일주일에 동화책을 한 권 읽고 와서 나와 함께 이야기 나누고 여러 가지 형식으로 독후감을 쓰는 수업이다. 독후감이란 글자 뜻 그대로 책을 읽은 후에 자신의 감상·느낌을 쓰는 글을 말한다. 즉 독후감을 쓸 때 중요한 것은 책의 내용이 아니라 자신의 생각이나 느낌이다. 그런데 많은 아이들이 독후감을 쓸 때 자신의 생각은 단 한 줄만 쓰고 나머지는 책의 줄거리로 채운다. 어떤 아이는 책의 줄거리 요약도 어려워서 책의 내용 중 한 부분을 그대로 베끼기도 한다. 줄거리 쓰기도 어려운 아이에게 책을 읽고 자신의 생각과 느낌까지 쓰라고 하니 아이들 입장에서는 정말 어찌해야 좋을지 모를 것이다.

이런 어려움을 해결하도록 도와주기 위해서 독후감 쓰는 방법에 대한 여러 가지 양식을 만들어 이름을 붙였다. 편지독후감 다음 배우는 것이 '동화독후감'이다. 동화독후감은 앞으로 이야기할 여러 가지 형식의 독후감을 쓸 때 기본적으로 들어가는 내용이기 때문에 잘 이해해야 한다. 독후감별로 써야 할 내용에 따라 순서를 정해 문단을 나눠서 쓰도록 하고 있다.

첫 번째로 쓰는 것은 독후감을 쓰게 된 동기다. 동기란 내가 이 책을 읽은 이유를 적는 것이다. 동기를 쓸 때는 내가 책의 내용을 알고 있는 경우도 있겠지만, 아직 구체적인 내용을 모르고 있을 때를 기준으로 생각한다. 책의 제목을 보고 어떤 생각이 들었는지, 표지 그림을 보고 어떤 생각이 들었는지, 책의 소제목을 살펴보니 어떤 내용일 것 같은지 등 자신의 생각을 살펴보고 쓸 수 있다. 또는 '숙제라서 할 수없이 읽었다'와 같이 사실적인 이유를 쓸 수도 있다. 이미 알고 있는 책이라면 내용에 대한 자기의 생각을 동기로 써도 되고 책을 손에 잡게 된 배경을 써도 된다.

아이들이 처음에 가장 많이 쓰는 동기는 '엄마가 숙제를 해야 게임을 시켜준다고 해서 읽었다'라거나 '책 내용이 궁금해서 읽었다'와 같은 내용이다. '책 내용이 궁금해서 읽었다'와 같은 표현은 너무 보편적이라서 좋지 않다. 예를 들어 《깡딱지》라는 책을 읽었다면 "제목에 있는 '깡딱지'가 어떤 물건인지 궁금해서 읽었다."처럼 그 책에서만 찾을 수 있는 구체적인 내용으로 쓰는 것이 좋다. 책 표지에 있는 그림을 보고 쓸 때도 '겉표지에 있는 아이 모습을 보고 읽었다'와 같이 막연하게 쓰지 말고 '겉표지에 있는 아이의 표정이 슬퍼 보여서 어떤 슬픈 일이 있는지 궁금해서 읽었다'와 같이 쓰면 된다.

책 읽은날	20 19 년 11 월 12 일 (화 요일)
도서명	지은이(엮은이) 출판사

당근

딸바보아빠　　**최은영**　　**좋은책 어린이**

　★ 동화 독후감 ④ - 제목 옮기
　　제목을 보고 책을 읽은 이유를 쓰는 것
　V 나는 이 책의 제목 '딸 바보 아빠'를 보고
아 빠가 왜 바본인지 궁금해서 읽었다.
　V 이 책은 아빠가 세나만 위해서 다른 친구들 엄마들도
세 나의 아빠를 싫어하고 세나가 버릇이 없었는데
아 빠가 시골에 가게되어서 세나가 자기일을 스스로
하 게되는 이야기이다.
　V 가장 혼내주고싶었던 장면은 세나가 학교가 끝나고
집 에서 장기자랑 준비를 할때 자기가 하고싶은
것 만 하려고 하는 장면이다 왜냐하면 너무
자 기 마음대로만 하는것 같았기 때문이다.
　V 내가 만약 세나라면 장기자랑준비를 할때
마 음 대로만 하지 않을것이다. 왜냐하면 친구들
모 두 스위트언니들 춤을 추자고 했는데, 세나 혼자
애 사이드오빠들 춤을 춘다고했으니까 양보해야
한 다고 생각하기 때문이다.
　V 나는 이 책을 딸바보아빠들이 읽었으면 좋겠다.
왜 냐하면 세나아빠처럼하면 아이들이
버 릇없어진다는 것을 알아야되기 때문이다.

책 읽은날	20 1 9 년 5 월 2 1 일 (화 요일)		
도서명	지은이(엮은이)		출판사
어미 개	박기범		낮은산

* 동화 독후감 ①
　동화책을 읽고 쓰는 기초적인 독후감
　①동기 (책을 읽은 이유)　②책소개 (간단한 줄거리)
　③가장 OO장면. 왜? (6하원칙)　④내가 만약 OO이라면. 왜?
　⑤누가 읽으면 좋을까. 왜?

✓ 나는 이 책을 왜 읽었냐면 책의 내용을 알아
동 ㅣ 려고 읽었다.

✓ 이 책은 할머니가 버려진 개를 주워서
감 자라고 이름을 지어주고 함께 오래오래 살다가
죽 어서 상수리나무랑 굴참나무로 다시 태어난 이야기다.

✓ 가장 불쌍했던 장면은 감자가 새끼를 낳을
때 할머니 집에서 새끼를 낳을 때가 되어서
새 끼를 낳은장면 이다. 왜냐하면 새끼를 낳으면
개 장수에게 팔려가고 계속 힘들기 때문이다.

✓ 내가 만약 감자라면 한번 새끼를 낳으면 낳겨
만 을 거다. 왜냐하면 낳으면 개장수가 계속 가져가니까
1 번만 낳고 개 장수가 못 가져가게 하고 싶기
때 문이다.

✓ 나는 이 책을 개를 키우는 사람이 읽으면
좋 겠다. 왜냐하면 개를 버리지 말고 계속

| 동화 | 김하율(초등학교 2학년 때)

동기를 썼다면 이제 책 소개를 한다. 책의 내용을 간단하게 요약하는 부분이다. 아이들에게 간단하게 요약하라고 하면 아이들은 '이 책은 깡딱지에 대한 내용이다'처럼 정말 간단하게 한 줄로 쓴다. 또는 반대로 책 앞부분에 있는 중요하지 않은 내용까지 세세하게 설명하다가 금방 지쳐서 중간 이후는 갑작스럽게 마무리하는 경우가 많다. 처음에는 의욕적으로 시작하지만 글씨를 쓰다 보면 힘들고 시간이 많이 걸리니까 빨리 끝내고 싶기 때문이다. 모든 이야기는 중간쯤 되어야 중요한 사건들이 절정으로 치닫게 구성되어 있는데, 그런 식으로 쓰면 중요한 부분은 모두 생략된다. 그래서 등장인물만 소개하다가 마치거나 사건이 시작되었지만 어떻게 진행되다가 끝났는지 과정을 알 수 없게 쓰는 경우가 많다.

줄거리를 간단하게 요약할 때는 소제목을 활용한다. 소제목을 비슷한 내용별로 3~4 묶음으로 나눈 후 그 내용을 문장으로 연결하면 줄거리가 완성된다. 줄거리 요약을 제대로 할 수 있으면 아이가 책을 제대로 읽었다고 생각할 수 있다. 줄거리 요약을 할 때 중심에서 벗어나는 사건들을 계속 이야기하면 아이가 책 내용을 이해하지 못했거나 현재 아이의 관심사일 경우가 많다. 그러니까 무조건 틀렸다고 하지 말고 아이와 좀 더 깊은 대화를 나눠 보길 권한다. 하지만 줄거리 요약은 내용 파악의 핵심이기 때문에 지속적으로 중심 내용을 파악할 수 있도록 연습해야 한다. 어른들도 책 내용 요약은 쉽지 않다. 아이들이 줄거리를 제대로 정리하지 못했더라도 재촉하거나 큰소리 내지 말고 차근차근 설명해 주면 좋겠다.

책 내용을 소개했다면 이제부터 자신의 생각을 이야기할 차례다. 이 책을 읽으면서 아이의 기억에 가장 남는 장면을 찾는다. 그 장면은 6하 원칙에 맞춰서 쓴다. 6하 원칙은 글을 쓸 때 기본적인 요소이지만 아이들은 의외로 6하 원칙을 잘 못 쓴다. 주어가 바뀌는 경우도 많고, 언제에 해당하는 때를 어떻게 써야 하는지 헷갈려 할 때도 많다. 아이들이 6하 원칙을 어려워하면 상황을 잘게 쪼개서 쓰라고 한다. 예를 들면 '오늘'이라는 시간을 '오전 10시에'로 쪼개서 쓰고, '학교에서'라는 장소를 '3층 복도에서'로 쪼개서 생각하면 조금 쉽게 쓸 수 있다. 6하 원칙으로 문장 만드는 연습을 하면 듣는 사람에게 내용을 좀 더 확실하게 전달할 수 있다.

가장 기억에 남는 장면을 쓸 때 주의할 점은 그냥 기억에 남는다고 쓰지 말고 왜 기억에 남는지 자신의 감정을 나타내는 단어를 사용해야 한다. 예를 들면 '가장 속상했던 장면은…', '가장 칭찬해주고 싶은 장면은…'와 같은 식으로 자신이 왜 그 장면을 선택했는지 자신의 감정을 넣어서 쓴다.

앞 문장에 장면을 쓰고 뒷 문장에는 그렇게 느낀 이유를 쓴다. 내가 왜 그 장면을 보고 칭찬해 주고 싶었는지, 나는 왜 그 장면을 보면서 화가 났는지 등 자신이 그런 감정을 느낀 이유를 쓰는 것이다. 예를 들어 《내 친구에게 생긴 일》이라는 책을 읽고 독후감을 쓸 때 "가장 걱정되었던 장면은 하인리히가 비잠베르크 숲의 소나무 위에서 아래로 떨어진 장면이다. 왜냐하면 높이가 4~5미터나 되는 나무에서 떨어지면 다리가 부러지거나 크게 다칠 수 있고, 나도 예전에 놀이터 미끄럼틀에서 떨어져 다리에 깁스를 한 경험이 있어서 하인리히도 그렇게 될까봐 조마조마했기 때문이다."와 같이 쓰면 된다.

다음으로 '내가 만약에 책 속의 OO이라면 어떨까'를 생각해서 쓴다. 주인공이나 등장인물이 되어서 책 속 장면 중 하나를 선택해 '내가 그런 입장이라면 어떻게 했을까?'에 대해 쓴다. 역시 6하 원칙을 생각하면서 쓰면 좋다. 그리고 왜 그렇게 할 것인지 뒷받침하는 문장으로 이유를 써 준다. 이 부분을 쓸 때 아이가 어떤 가치관을 갖고 있는지, 무엇에 관심을 갖고 있으며 평소 어떤 생각을 하고 있는지 알아볼 수 있고, 아이와 이야기 나눌 주제도 생각할 수 있다. 책 속의 등장인물을 통해 상대방 입장이 되어 보는 연습을 통해 현실에서 친구들을 이해하는 폭도 넓어진다. 가장 중요한 건 자신이 왜 그런 생각이나 행동을 하는지 스스로를 살펴보는 기회를 가질 수 있다는 것이다.

마지막으로 이 책을 어떤 사람들이 읽으면 좋겠는지 추천하는 것이다. 단순하게 친구나 부모님처럼 어떤 한 사람을 지목해도 좋고, 책의 주제와 관련지어 써도 좋다. 예를 들면 《깡딱지》는 친구와의 우정과 편견이라는 주제를 가지고 있는데, '친구 사귀기를 힘들어 하는 아이들'이라거나 '겉모습만 보고 판단하는 사람들'이 읽으면 좋겠다는 식으로 쓰면 된다. 역시 뒤따라오는 문장에는 왜 그런 사람들이 그 책을 읽으면 좋겠다고 생각하는지 이유를 써 준다.

책을 읽고 독후감 쓰는 방법에는 여러 가지가 있다. 다시 한 번 강조하지만 이것이 정답은 아니다. 나만의 방법일 뿐이다. 이런 방법으로 쓰는 게 자신에게, 또 아이에게 도움이 된다면 적극 활용하면 된다. 반대로 너무 틀에 짜여진 것 같아서 거부감이 생긴다면 자신이 편안한 다른 방법으로 쓰면 된다. 독후감을 쓰는 목적이 무엇인지 생각해 보고 글 쓰는 시간을 즐길 수 있으면 좋겠다.

자신의 의견을 나타내요

이번에 쓸 독후감의 제목은 '의견독후감'이다. 독후감을 쓸 때 자신의 의견을 중심으로 쓰는 형태다. '의견독후감'을 쓸 때 앞부분에는 동화독후감에서 설명한 동기와 책 내용을 소개하고, 가장 인상적인 장면을 쓴다. 동기를 쓸 때 제목과 관련된 생각을 썼다면 이번에는 겉표지 그림을 보고 어떤 생각이 들어서 읽었는지를 쓰면 좋겠다. 예를 들면 '겉표지에 있는 슬픈 표정을 하고 있는 아이의 모습을 보고 왜 슬퍼하는지 궁금해서 읽었다'처럼 겉표지 그림을 꼼꼼하게 살펴보면 힌트를 얻을 수 있다. 앞에서 설명했듯이 동기를 쓰는 방법이 여러 가지 있으니 골고루 써 보면 좋겠다.

동기를 썼다면 줄거리를 쓸 차례다. 간단한 줄거리를 쓸 때 소제목을 내용별로 분류해서 연결하는 방법으로 썼다면 이번에는 책에서 중심 사건을 찾아 그 사건이 전개된 과정을 써 보자. 발단, 전개, 위기, 절정, 결말의 구성 5단계를 활용하면 쉽게 쓸 수 있다.

다음으로 가장 인상적인 장면을 쓸 때 그 장면을 선택한 자신의 감정이 무엇인지 표현하기 어려울 경우에는 《내 아이를 위한 감정코칭》 99쪽에 나와 있는 '7가지 기본 감정과 그로부터 파생된 유사 감정표'를 활용한다. 표를 보고 자신에게 해당된다고 생각하는 단어를 선택한 다음 책 속 장면을 표현하는 과정을 통해 아이들은 자신의 감정이 해소되는 경험을 한다.

▎기본 감정표

기본 감정	기본 감정으로 인해 파행되는 유사 감정
행복	사랑스러움, 고마움, 유대감, 황홀감, 극치감, 명랑 쾌활감, 만족감, 하늘로 붕 뜨는 느낌, 반가움, 감사함, 기쁨
흥미	기대감, 관심, 열심, 몰두감, 재미, 흥분
슬픔	우울, 기분이 처지고 가라앉음, 절망, 실망, 미안함, 불행감, 비통함, 후회스러움
분노	짜증, 불쾌감, 불만, 격노, 시기심, 좌절, 화
경멸	무례함, 비난함, 쓸쓸함, 거부감
혐오감	기피하고 싶음, 싫어함, 증오, 구역질
두려움	불안, 겁남, 걱정스러움, 경악, 예민함, 무서움, 소심함, 불편함

출처 : 조벽, 최성애, 존 가트맨(2011). 내 아이를 위한 감정코칭. 한국경제신문사. p.99.

나와 함께 수업하는 정원이는 감정표를 보고 숙제 할 때마다 단어를 3~4개씩 활용해서 써 오는데, 그 단어의 뜻을 정확하게 몰라 국어사전을 찾아보고 쓴다. 때로 엄마에게 단어의 뜻을 물어보기도 하지만, 어른들도 자신이 쓰는 단어의 뜻을 두루뭉술하게 아는 사람이 많아서 명확하게 대답하기 어려운 경우가 많다. 이런 경우에 아이와 함께 국어사전이나 앱을 이용해 단어의 뜻을 살펴보면 어른들에게도 좋은 기회가된다. 이 부분은 의견독후감을 쓸 때 기본적으로 포함되는 내용이다. 앞 장에서 '동화독후감'을 설명할 때 중요하다고 한 이유가 바로 이것이다. 어떤 형태로 독후감을 쓰든지 책을 읽은 이유와 책 내용 소개, 기억에 남는 장면 1~2개는 꼭 들어가기 때문이다.

이제부터는 자신의 의견을 쓸 차례다. 의견이란 '어떤 대상에 대하여 가지는 생각'이다. 의견은 단순한 자신의 바람이나 소망과는 조금다르다. '의견독후감'을 쓸 때 나타내는 의견은 자신뿐만 아니라 다른사람들도 동의하는 마땅히 해야 할 일이나, 하지 말아야 할 일을 쓴다. 예를 들면《벌렁코 하영이》를 읽고 의견을 쓸 때 '나는 할머니를 고양이 할머니라고 놀리지 말았으면 좋겠어'라고 자신의 바람을 쓰지 말고, '사람을 놀리는 행동을 하면 안 된다고 생각한다'라고 쓴다.

자신의 의견을 표현할 때 현재 자신이 읽은 책으로 한정 짓지 말고범위를 확대해서 보편화시키는 것이 중요하다. 《벌렁코 하영이》에서는동호 형이 할머니를 놀렸지만 책 속의 인물인 할머니를 모든 사람으로 확대하는 것이다. '~해야 한다' 또는 '~하면 안 된다'라는 식으로 모든 사람들이 동감할 수 있는 의견을 끌어내도록 도와주는 것이 '의견독후감'의 핵심이다.

편지독후감을 쓸 때도 설명했듯이 책에서 이야기하는 여러 가지 주제를 한번에 모두 다루려고 욕심을 부리면 결국 한 가지도 제대로 다루지 못하게 된다. 한 가지 주제를 정해서 다양한 관점으로 살펴보면 결국 여러 가지 주제들이 하나로 모이게 되니까 너무 심각하게 생각하지 않아도 된다.

의견독후감을 쓸 때 의견을 정하는 것이 가장 중요한 부분이다. 책의 내용을 통해 의견을 찾지만 그 의견이 모든 이들에게 적용될 수 있도록 확장하는 것을 처음에는 어려워한다. 하지만 몇 번만 해 보면 스펀지같이 부드러운 뇌를 갖고 있는 아이들은 빨리 배우고 보다 큰 결과를 만들어 낸다. 아이들이 갖고 있는 무궁무진한 가능성을 나는 믿는다. 또 대다수의 아이들은 지금까지 받은 교육과 우리 문화에서 강조하는 보편적인 가치관에 동의하기 때문에 크게 어긋나는 주장을 하는 경우는 드물다.

이렇게 자신의 의견을 표현했다면 이어지는 문장에서는 그렇게 생각하는 이유를 써 준다. 이유를 쓸 때는 3~4개의 뒷받침 문장을 쓴다. 뒷받침 문장을 쓸 때는 방법은 구체적인 자신의 경험을 바탕으로 써도 되고, 책의 내용을 인용해서 써도 된다. 고학년의 경우 자신의 의견을 뒷받침해 주는 신문기사나 통계자료 등을 활용해서 쓰면 좋다. 그런 자료를 활용해서 쓰려면 주제와 관련해서 미리 준비해야 한다.

내가 처음 수업을 했을 때는 여러 가지 신문 자료를 스크랩한 파일을 가지고 다니면서 필요할 때 보여줬었다. 요즘에는 신문 자료도 가지고 다니지만 스마트폰 검색을 이용해 자료를 찾기도 한다. 스마트폰을 활용하는 방법이 매우 편리하기는 하지만 바람직하다고 생각하지는 않는다.

하지만 아이들에게 미리 관련 자료를 준비해 오라고 해도 준비해 오는 사람이 별로 없다. 여러 가지 활동으로 바쁜 아이들이 책 읽고 수업 받으러 오는 것만으로도 기특하다고 생각하면서도 스스로 물고기를 잡으려 하지 않고 잡아 놓은 물고기를 사려고 하는 것 같아서 안타깝기도 하다. 동시에 변화하는 사회에서 스마트 폰 검색은 어쩔 수 없는 현상이라고 스스로를 위로하기도 하지만, 너무 게을러진 나 자신을 반성하기도 한다.

자신의 의견을 뒷받침하는 문장을 여러 개 써야 하니까 이 시점에서 이어주는 말(접속어)에 대해 설명한다. 앞, 뒤 문장의 성격에 따라 사용하는 접속어가 다르니까 자세하게 설명해준다. 여기서 조금 더 확장한다면 접속어를 통해 연결한 두 문장을 한 문장으로 고치는 방법도 알려주면 문법 설명까지 할 수 있어서 도움이 된다. 문법을 설명해 주면 아이들은 영어에서 문법은 익숙한 말인데 국어에도 문법이 있냐면서 신기해 하기도 한다. 참으로 씁쓸한 현실이다.

자신의 의견을 뒷받침하는 문장까지 썼다면 이제 마무리할 차례다.

자신이 쓴 의견과 이유가 잘 어울리고 이치에 맞는지 꼼꼼하게 읽어 보고 내용에 일관성이 있다면 자신이 제기했던 의견을 다시 한 번 강조하고 글을 마무리한다. 문장을 시작할 때 이음말 '그러므로', '그래서'로 시작하면 자연스럽게 연결할 수 있다. '그러므로 나는 ○○해야 한다고 생각한다'라는 식으로 앞 문단에서 썼던 자기 의견을 다시 한 번 강조하면서 마무리하면 된다.

의견독후감을 쓸 때 이런 상황이 생긴다. 한 아이가 '자기보다 약한 사람을 도와줘야 한다고 생각한다'라는 의견을 제시한다. 그런데 그 아이가 예전에 친구를 놀리거나 약간 괴롭힌 경험이 있다면 함께 수업하는 친구들은 의견을 제시한 친구에게 따진다. 말은 그럴듯하게 하면서 실천은 하지 않는다고. 네가 그렇게 행동했기 때문에 네 의견은 설득력이 없다고 제법 논리적으로 따진다. 그러면 의견을 제시한 친구는 그때 자기가 왜 그렇게 행동했는지 변명을 하면서 또다시 목소리가 커진다. 서로의 잘못을 들춰내며 점점 분위기가 고조되면 아이들은 나를 쳐다보며 서로 자기편이 되어 달라는 간절한 눈빛을 보낸다.

하지만 나는 그 어느 쪽 편도 들어주지 않는다. 아이들은 서로 상대방의 언행불일치 경험을 파헤치다가 결국 과거의 행동이 아니라 지금부터의 행동이 더 중요하다는 결론을 내린다. 그리고는 언제 그랬냐는 듯이 상대방의 의견을 받아들이고 함께 뒷받침하는 문장으로 어떤 내용을 쓸지 의논한다.

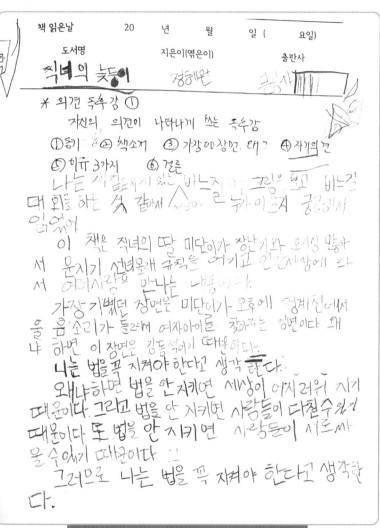

| 책 읽은날 | 20 년 | 월 | 일 (요일) |

도서명 **직녀의 눈동이** 　지은이(엮은이) 정해완 　출판사 청사

＊ 의견 독후감 ①
　자신의 의견이 나타나게 쓰는 독후감
　①흥미 ②책소개 ③가장인상인 때? ④자기의견
　⑤이유 3가지 ⑥결론

　나는 책표지에 있는 바느질과 그림을 보고 바느질
대회를 하는 것 같아서 이 나이 이은지 궁금해서
읽었어.

　이 책은 직녀의 딸 미단이가 장난기와 호기심 많아
서 문지기 신념몰래 규칙을 어기고 인간세상에 와
서 여러사람과 만나는 내용이다.

　가장 기뻤던 장면은 미단이가 오후에 경계신에서
울음소리가 들려서 여자아이를 찾아주는 장면이다. 왜
냐 하면 이 장면은 감동적이기 때문이다.

　나는 법을 꼭 지켜야 한다고 생각한다.

　왜냐하면 법을 안 지키면 세상이 어지러워 지기
때문이다. 그리고 법을 안 지키면 사람들이 다칠수있기
때문이다 또 법을 안 지키면 사람들이 서로싸
울수있기 때문이다.

　그러므로 나는 법을 꼭 지켜야 한다고 생각한
다.

| 의견 | **이호준(초등학교 2학년 때)**

책 읽은날	20 20 년 1 월 14 일 (화 요일)	
도서명	지은이(엮은이)	출판사
책과 노니는 집	이영서	문학동네

★ 의견 독후감 ①
  자신의 의견이 드러나게 쓰는 독후감
  ㉠ 동기 ㉡ 책소개 ㉢ 가장 ○○장면 왜? ㉣자기의견 (주론)
  ㉤이유3가지 ㉥결론

∨ 나는 이 책을 6학년교과서에 나오는 책이라고 해서 읽었다.

∨ 이 책은 장이의 부모님이 서학책을 필사하다가 매를 맞고 돌아가시고 난 후 장이가 최서리의 집으로 가서 책 심부름 하면서 천주학에 대해 알게 되고 자신에게 은혜를 베풀어준 홍교리네 집이 위험해져서 장이가 천주학에 관한 책을 불태워 많은 사람을 구해주는 내용이다.

∨ 가장 ○○장면은 장이가 서학책을 불 태우기위해 홍교리네 집의 대문을 두드렸을 때 강서방이 장이에게 " 미친놈, 죽고 싶은 게냐?"라고 말해 정면이다. 왜냐하면 장이는 상황 의미에서 대답을 두드렸는데 강서방이 그것도 모르고 화를 냈지만 목할 거라고 생각하지 못했는데 목을 해서 중요가 때문이다.

∨ 나는 종교를 모든사람이 자유롭게 선택하게해야 된다고 생각한다.

∨ 왜냐하면 사람에게는 종교를 선택할 권리가 있기 때문이다. 그리고 정치와 종교가 분리되다 한다고 생각하기 때문이다. 또 각 종교마다 특징이 묻라서 좋아하는 사람도 다르기 때문이다

∨ 그러므로 모든사람들이 종교를 자유롭게 선택하게 해야한다고 생각한다

| 의견 | **김연수(초등학교 5학년 때)**

인간은 누구나 실수하고 잘못을 저지른다. 그런데 지나간 시간에만 얽매이면 발전이 없다. 이미 지나간 시간을 바꿀 수 없으니 과거는 과거로 묻어두고 지금부터 다르게 행동하면 된다. 세상에서 절대 바뀌지 않는 것은 과거라고 하지 않던가. 지금부터 다르게 살 수 있는 기회가 주어졌다는 것이 인간에게 주어진 가장 큰 특권이 아닐까? 끝까지 고집부리지 않고 상대방을 받아들이는 아이들과 함께 수업하면서 오히려 내가 가장 많이 배운다.

의견독후감을 쓸 때 주의할 점은 어떤 의견을 제시하기 전에 찬성과 반대의 입장에서 생각해 보는 것이다. 찬성하는 이유는 무엇이고 반대하는 이유는 무엇인지 양쪽 입장에서 생각해 본 후에 써야 한다. 내가 주장하는 것이 단순히 나의 감정에 지나치게 집중해서 하는 말인지, 객관적인 입장에서 여러 사람들에게 이익이 되는 일이기에 주장하는 것인지 자신의 내면을 살펴보는 용기가 필요하다. 물론 내가 쓰는 한 편의 독후감이 즉각적으로 많은 사람들이나 사회에 큰 영향을 끼치는 것은 아니다. 그러나 글을 쓰는 행위는 나 자신을 다듬고 완성시켜나가는 일이기에 자신의 솔직한 모습을 바라보는 용기는 중요하다. 그런 작업을 하면서 자란 아이들이 이 사회를 이끌어가는 진정한 지도자가 되지 않을까?

인터뷰해 볼까요

"텔레비전에 내가 나왔으면 정말 좋겠네~~정말 좋겠네
춤추고 노래하는 예쁜 내 모습~
텔레비전에 내가 나왔으면 정말 좋겠네~~정말 좋겠네"

어릴 때 많이 불렀던 노래다. 텔레비전에 나오는 것이 대단히 성공하고 출세한 것처럼 느껴져서 부러운 마음을 노래로 흥얼거렸었다. 하지만 내가 텔레비전에 나올 수 있는 기회는 한 번도 없었다. 그런데 나뿐만 아니라 다른 사람들도 텔레비전에 나오고 싶은가 보다. 기자가 거리에 나가 방송하는 장면을 보면 어른 아이 할것없이 수많은 시민들이 얼굴을 내밀기 위해 펄쩍 뛰어오르기도 하고, 브이 자를 그리기도 하면서 방송국 카메라에 얼굴을 들이미는 모습을 볼 수 있다.

아침마다 내가 운동하러 가는 동네 뒷산에는 방송국에서 촬영을 위한 팀들이 자주 온다. 가까운 곳에 방송국이 있기도 하고, 그럴듯한 단독주택이 늘어선 풍경과 잘 정비된 야트막한 산이 촬영하기에 적당한가 보다. 수많은 장비와 인력이 방송 촬영을 위해 분주히 왔다갔다 하면서 준비하는 것을 볼 수 있다. 눈에 익은 유명한 연예인들은 보이지 않고, 화면에는 등장하지 않는 사람들이 촬영 몇 시간 전부터 바쁘게 움직인다.

아침 운동하러 나온 길이라 대부분 편안한 차림인 어르신들도 촬영 팀이 있을 때는 가던 길을 멈추고 자세히 쳐다본다. 나 역시 알아볼 수 있는 익숙한 인물이 있을까 하고 들여다보지만 알아 볼 수 있는 사람은 한 명도 없고 스텝들만 열심히 일한다. 어떤 날, 열심히 걸어 산 입구에 도착했는데 촬영 팀의 아침식사로 마련된 김밥이 간이탁자에 잔뜩 쌓여 있었다. 그 새벽에 무거운 장비를 들고 일하는 사람들에게 김밥이라니… '삶이 참 녹록하지 않구나'라는 생각이 들었다. 방송에서 단 몇 분, 몇 초 내보낼 장면을 찍느라 수많은 사람들이 엄청난 장비를 동원해 준비하지만 정작 주인공은 이 모든 것이 다 준비될 때까지 편안한 곳에서 느긋하게 기다리고 있다고 생각하니 '인생의 주인공이 되는 삶을 살아야겠다'는 조금은 억지 같은 생각도 들었다.

'그렇다면 내가 직접 텔레비전에 나오는 방법으로 독후감을 써 보면 어떨까?'라는 생각이 들었다. 그래서 만든 것이 바로 '인터뷰독후감'이다. 어릴 때 흥얼거렸던 "텔레비전에 내가 나왔으면~"이라는 노래에서 힌트를 얻었다. 인터뷰독후감은 기자와 주인공이 만나서 책의 내용을 바탕으로 인터뷰하는 내용을 쓰는 형식이다. 아이들은 인터뷰할 때 매우 신나서 끝임없이 질문한다. 마치 자신이 진짜로 기자가 되어서 텔레비전에 나온 듯이 행동한다. 연필을 마이크 삼아 친구에게 들이밀며 질문을 하는 경우도 있다.

인터뷰독후감을 쓸 때 주의할 점이다. 먼저 기자와 주인공이 만났으니 서로 인사를 주고받는다. 인터뷰할 때 서로 존댓말을 사용해야 한

다. 여기서 아이들이 하는 질문

"선생님, 주인공은 아이이고 기자는 어른인데 왜 서로 존댓말을 해야 해요?"

아이들의 순진함이 보이지 않는가.

"인터뷰는 둘이서 얘기하는 거지만 동시에 많은 사람들에게 들려주는 얘기야. 그러니까 서로 예의를 갖춰야지."

"그럼 우리가 지금 쓰는 거 진짜로 사람들이 봐요?"

"사람들이 보면 좋겠어?"

"그럴 때도 있고 아닐 때도 있어요."

"지금 잘 썼다가 나중에 우혁이가 유명해지면 그때 보여줄까?"

이런 대화가 오고가면 그때부터 아이들의 태도가 달라진다. 글씨도 좀 더 바르게 쓰고, 기자가 되어서 질문하는 내용도 깊이가 있다. 어떤 일이든지 그것에 의미가 생기면 받아들이는 태도가 달라진다. 아이들도 지금 쓴 글이 나중에 되돌아볼 수 있는 자료가 된다는 생각에 지금 이순간 정성을 들이는 것이다. 아이들이 쓴 글을 사진으로 찍어서 보관하고 있다가 한참 지난 후에 보여주면 아주 신기해 하고 더 열심히 한다. 아이들이 성장한 후에 자신의 글을 다시 읽어본다면 어떤 생각을 할지 궁금하다.

기자가 되어서 질문할 때 주인공에게 물어보고 싶은 내용은 한 가지 주제로 정한다. 어떤 형태로 글을 쓰든지 나는 주제 선정의 중요성을 강조한다. 주제 선정이 글을 쓰기 위한 가장 기초라고 생각하기 때문이다. 주제를 잘 선정하면 어렵지 않게 글을 풀어갈 수 있지만, 주제 선정이 제대로 안 되면 글을 풀어가기 어렵다. 그래서 주제를 선정할 때 남들이 볼 때 그럴 듯한 것이 아니라 자신의 생각이 명확하게 반영된 주제를 정하라고 강조한다.

'마음이 있는 곳에 몸도 있다'는 말처럼 자기 마음이 동의하지 않는 주제일 경우에는 의욕도 사라지고 글씨 쓰는 것 자체도 힘들게 느껴진다. 주제를 정해 책 속 주인공에게 그 주제와 관련된 질문을 할 때 책 속에 나타났던 사건이나 인물 등 사실에 근거한 질문도 하지만, 사건이 일어난 계기나 그 사건이 일어났을 때 주인공의 심정이 어땠는지 등 생각해서 대답할 수 있는 질문을 더 많이 하게 한다.

예를 들면 《똥싼 할머니》를 읽고 "새롬이가 언제 할머니를 찾으러 갔나요?"라는 사실 위주의 질문보다 "새롬이는 왜 할머니를 찾으러 갔나요?"와 같이 생각해서 대답할 수 있는 질문이 더 좋다. 생각에 대한 질문을 하면 아이들은 책 내용을 되새겨 보게 되고, 자신이 주인공 입장이 되어 볼 수도 있어서 좋다. 사실 위주의 질문 항목을 만들 때는 6하 원칙 중에서 '누가, 언제, 어디서, 무엇을, 어떻게'를 활용해서 만든다. 생각 위주의 질문 항목은 '왜, 감정, 기분, 결심' 등이 좋다.

질문을 할 때는 상대방이 '예' 또는 '아니요'로 대답하지 않도록 유도하는 질문 항목을 만드는 것이 핵심이다. "새롬이네 할머니가 계신 요양원 이름은 무엇인가요?"처럼 짧게 대답할 수 있는 질문보다는 "새롬이

책 읽은날	20 18 년 9월 5일 (수요일)
도서명	지은이(엮은이)	출판사

안녕 베트남 신짜오한국 / 안선모 / 대교출판

X 인터뷰 독후감④ — 사실 3 + 생각 5   사생사 생사 생사
　　　주제 : 다하나반

기자. 안녕하세요?
한새. 안녕하세요?.
기자. 다하나반에 들어 갔을때 누구를 만났나요 ?) 사①
한새. 인철이를 만났어요
기자. 처음 다하나 반에 들어 갔을 때 어떤 느낌이 였나
한새. 떨리고 신나는 마음이 들었에요.
기자. 다하나 반은 어떤 친구들이 오는 반인가요?) 사②
한새. 다문화 친구들이 가는 반이에요.
기자. 다하나 반이 마음에 듭니까?) 생㉡
한새. 네, 북을 칠수 있어서 좋아요
기자. 다하나반 선생님은 누구인가요?) 사③
한새 루미 선생님이예요.
기자. 다하나 반에서 마음에 안드는것은 무엇입니까?
한새. 인철이 입니다.
기자. 다하나반에 계속 가고 싶으신가요?
한새. 네, 가고싶어요.
기자. 다하나반에서 다른 하고 싶은것은 무엇입니까?
한새. 심벌즈를 하고싶습니다.
기자. 다음 에도 다하나반에서 즐겁게 보내세요 안녕히 계세요

| 인터뷰 |　　　강지윤(초등학교 3학년 때)

책 읽은날	20 17 년 12 월 5 일 (화 요일)		
도서명	지은이(엮은이)		출판사
아빠의 일기장	유지은		좋은책 어린이

＊ 인터뷰 독후감③ ― 사실③+ 생각⑤
　　주제: 생일파티

기자: 안녕하세요?

동우: 안녕하세요?

기자: 왜 생일파티때 마루를 초대 안 했나요?

동우: 마루랑 절교했기 때문입니다 ――――― 생각1

기자: 생일파티 때 동엽, 신엽을 초대 했나요?

동우: 네, 초대 했습니다. ――― 사실1

기자: 생일파티때 꼭 동엽, 신엽을 꼭 초대할려 했나요?

동우: 네, 삼총사니까 부를려고 했어요 ――― 생각2

기자: 집에서 생일파티를 했나요?

동우: 네, 집에서 했습니다 ――― 사실2

기자: 생일파티가 어땠나요?　생각3

동우: 재미있었습니다.

기자: 마루 아빠한테 생일파티 땐 동댄를 받았나요?

동우: 네, 동댄를 받았습니다 ――― 사실3

기자: 생일파티를 다음에 할 때도 친구들을 부를건가요?

동우: 네, 부를거다. ――――― 생각4

기자: 다음엔 생일파티 할 때 마루를 부를건가요?

동우: 아니요, 안 부를 거예요. ――― 생각5

기자: 꼭 다음에 생일파티 하세요, 안녕히 계세요.

동우: 안녕히 계세요.

네 가족은 왜 할머니를 사랑의 집이라는 요양원으로 보냈나요?"처럼 대답할 때도 단답형으로 짧게 하지 말고 이유를 설명하는 문장으로 대답하도록 한다. 이때도 6하 원칙을 염두에 두고 대답하게 한다.

6하 원칙은 우리 일상에서 소통을 위한 아주 중요하고 유용한 내용임에도 제대로 활용하지 못하는 경우가 많다. 특히 요즘처럼 줄임말이나 신조어가 많은 시대에는 더욱 기본원칙을 강조해야 한다. 인터뷰독후감을 쓸 때 자연스럽게 줄임말이나 신조어를 써서 내가 무슨 말인지 아이들에게 물어보는 경우도 자주 생긴다.

'말 속에 얼이 있다'는 것은 진리다. 우리 스스로 우리말에 대한 자부심을 갖고 잘 지켜나가려는 노력을 책 읽는 사람들부터 실천하면 좋겠다. 이런 노력은 빠르게 변화하는 사회에서 고리타분하고 시대에 뒤떨어진 행동이 아니라 진리를 지키는 행동으로 인정받는 사회 분위기로 자리 잡기를 빈다. 한글날이 다가오면 반짝 떠오르는 우리말에 대한 관심이 아니라 지속적으로 올바른 언어 사용에 대해 관심을 갖고 실천하면 좋겠다. 외국에서는 한글을 높이 평가하고 한류의 영향으로 우리말을 배우려는 사람들이 점점 늘어나는데, 정작 우리들은 우리말을 변질시키고 있는 것 같아 안타깝다. 나 역시 이 글을 쓰는 동안 자연스럽게 외래어와 줄임말을 써서 부끄럽다.

인터뷰독후감을 쓰는 동안 아이들은 질문에 대답하기 위해 주인공 입장에서 생각하면 책을 좀 더 깊이 들여다 볼 수 있다. 스스로 질문을 만들고 대답하는 과정을 반복하면 자신이 지금 텔레비전에 출연한 것 같은 현장감을 느끼기도 한다.

인터뷰독후감을 처음 쓸 때는 질문의 개수를 정해준다. 사실과 관련된 질문 3번, 생각과 관련된 질문 5번과 같은 식으로. 이렇게 몇 번 반복하면 아이들 스스로 조절하면서 문장을 매끄럽게 쓸 수 있게 된다. 쓰는 것이 마무리되면 기자와 주인공 역할을 바꿔서 마이크를 하나 쥐어주며 발표하게 한다. 그러면 쑥스러워 하면서도 의젓하게 발표한다. 이런 방법으로 독후감을 쓸 때 가장 좋은 점은 아이들이 즐거워 한다는 것이다. 아이들의 생기 넘치는 에너지를 내가 날름 받을 수 있어서 참 좋다.

마인드맵을 활용해서

토니 부잔의 《마인드맵》은 정말 강력한 표현 도구라고 생각한다. 마인드맵은 이미 각계각층의 사람들이 여러 분야에서 활용하고 있다. 아이들은 유치원 때부터 마인드맵으로 정해진 주제를 표현해 봤다. 프로젝트 수업으로 한 가지 주제를 다양한 관점으로 살펴보고 표현할 때 마인드맵을 자주 사용한다. 최근에는 컴퓨터로 마인드맵을 그리는 프로그램도 있어서 누구나 쉽게 이용할 수 있다. 나처럼 그림을 전혀 못 그리는 사람도, 그림그리기에 자신감이 없고 소질이 없는 사람도 마인드맵은 쉽게 그릴 수 있다.

지금도 생생하게 기억나는 어릴 적 장면이 있다. 초등 3학년 때 학교에서 독립운동에 대한 그림그리기 숙제가 있었다. 과목 중에서 미술을 가장 싫어하는 나에게 그리기 시간은 정말 괴로웠다. 만들기는 그래도 어떻게 따라서 해 볼 수 있었으나 그리기는 아무리 해도 잘 안 되어 자신감만 더 떨어졌다. 그런 나에게 독립운동에 대한 그리기 숙제라니…. 원래는 학교에서 미술 시간에 그려서 선생님께 검사를 받아야 했다. 그런데 나는 도화지를 앞에 놓고 《유관순》 동화책만 보고 있었으니 완성은커녕 시작도 못하고 있었다.

"너 언제 그리려고 계속 동화책만 보고 있어?"

"네? 여기서 보고 그리려고요."

"그냥 네 생각대로 그려봐."

"네…"

어떻게 그려야 할지 몰라서 쩔쩔매고 있는 학생에게 생각해서 그리라니. 결국 그날 그리기는 숙제로 남았다. 집에 와서도 어떻게 그려야 할지 몰라 밤늦은 시간까지 손도 못 대고 있었다. 고지식하고 융통성 없는 성격인 나는 숙제를 안 할 수도 없고, 하자니 능력 밖의 일이고 정말 답답할 노릇이었다. 밤늦게 퇴근한 아빠는 울상이 되어 있는 나를 보고 그 이유를 알게 됐다.

딸을 사랑하는 안타까운 마음에 아빠가 대신 숙제를 해 주셨다. 그때 아빠가 한복 입고 상투 튼 사람들이 태극기를 들고 있는 그림을 그려 주셨다. 도저히 초등 3학년이 그렸다고는 믿을 수 없는 그림. 나는 알았다. 내가 그림을 못 그리는 건 바로 아빠를 닮았기 때문이라는 것을. 지금도 그림에 대한 이야기를 하면 그때 아빠가 그려준 그림과 함께 아빠의 사랑이 느껴져 우습기도 하고 행복하다. 이렇게 그림에 대해 자신 없는 나도 마인드맵으로 하는 표현은 어렵지 않게 할 수 있다.

마인드맵을 이용하면 생각을 확장하는 게 쉽다. 그림을 잘 그리는가, 못 그리는가는 중요하지 않다. 동그라미나 네모, 세모 같은 도형만 그릴 줄 알면 된다. 또 도형도 없이 그냥 줄만 그을 줄 알면 그릴 수 있는 게 마인드맵이다. 강의를 들을 때도 마인드맵으로 정리하면서 들으면 핵심 파악도 빠르고 한눈에 볼 수 있어서 좋다. 책을 읽을 때도 마인드맵을 활용하면 줄거리 파악이나 중심 사건의 전개 과정을 한 페이지에 정리할 수 있다.

다양한 환경에서 마인드맵을 이용할 수 있으니 독후감을 쓸 때도 이용해보자. 먼저 마인드맵을 이용하여 어떤 형태의 독후감을 쓸 것인가 생각해야 한다. 나는 주로 마인드맵을 이용하여 동시로 표현하는 '동시독후감'으로 쓴다. 여기서는 동시로 표현하는 방법에 대해서 설명해보자.

마인드맵은 어떤 형태로 그려도 괜찮다. 먼저 중심에 내가 읽은 책 제목을 쓰거나 그 책에 대해 표현할 수 있는 낱말이나 짧은 문장을 쓴다. 중심에서 가지가 뻗어 나오게 하는데, 첫 번째 가지를 3~4개 만들어 그 가지 안에 책에서 중요하다고 생각하는 낱말을 쓴다. 그 낱말을 쓴 가지에 또다시 하위 가지를 3개 정도씩 만든다. 하위 가지 안에 상위 가지와 관계있는 낱말을 쓴다. 이때 책 내용과 관련있는 낱말도 좋고, 그것과 관련된 자신의 경험에 해당하는 낱말을 써도 된다. 예를 들면 《몽실언니》라는 책을 읽고 쓸 때 중심 단어는 몽실언니 → 처음 가지 : 동생들, 몽실이, 전쟁, 아버지들 → 동생들 가지 : 영득이, 난남이, 영순이 이런 식으로 쓴다. 가지를 어느 정도 확장할 것인지는 각자의 선택이다. 가지 안에 넣을 단어를 선택할 때 되도록 같은 단어를 쓰지 않도록 한다. 비슷한 뜻을 표현하고 싶어도 여러 단어를 활용하는 연습을 통해 어휘력을 향상시키고 싶은 게 목적이다. 같은 뜻을 표현하는 여러 단어를 사용해 보면 우리말의 무한한 확장성을 조금이나마 느낄 수 있을 것이다.

마인드맵 그리기가 완성되면 이제 독후감을 동시로 표현할 차례다. 아이들이 그린 마인드맵으로 동시독후감을 써 보기 전에 자신이 알고 있는 동시를 한 편 외워보게 한다. 하지만 아이들은 어디서나 외울 수 있는 동시 한 편이 없다. 그래서 동시로 만든 동요 제목을 한두 개 알려 주고 다같이 노래 한 곡을 부르기도 한다. 대부분의 동시는 동요로 만들어져 있어서 한 곡 부르고 나면 동시를 친근하게 느낀다.

동시로 표현하기 위해서는 동시의 특징을 알아야 한다. 동시란 짧은 문장 속에 많은 뜻을 함축하고 있는 글이기에 문장의 길이를 짧게 써야 한다. 대부분 짧은 문장으로 쓰라고 하면 아이들은 글씨 조금 쓴다고 좋아한다. 그러나 짧은 문장으로 뜻을 표현하기가 어렵다는 것을 느낀 나머지 짧은 문장에 대한 무조건적인 애정을 내려 놓는 경우가 많다.

또 동시의 특징으로 흉내 내는 말을 넣어 보라고 한다. 평소 흉내 내는 말을 잘 사용하지 않고, 흉내 내는 말과 꾸며주는 말이 헷갈려서 소리나 모양을 흉내 내는 말로 표현하는 게 쉽지 않다. 자기가 쓴 낱말이 흉내 내는 말인지 꾸며주는 말인지에 대해 조언을 주고받는 아이들을 보면 대견하고 재미있다.

그리고 문장을 쓸 때 일반적인 어순으로 쓰지 말고 말의 순서를 바꿔서 쓰는 방법을 설명한다. '도치법'에 대해 문법 수업을 할 때처럼 진지하게 하면 지루해 하고 부담스럽게 느끼는 아이들도 동시로 표현할 때 문장의 순서를 바꿔서 해 보면 재미있어 한다. 그렇게 한 줄 한 줄 쓴 글을 행과 연으로 나눈다. 마인드맵에서 그린 그림에 따라 처음 가지와 하위 가지가 하나의 '연'으로 묶이는 것이다.

그렇게 자기가 몇 개의 가지를 그렸는가에 따라 3연 3행, 3연 4행 등의 동시가 구성된다.

마지막으로 동시의 특징인 글에서 리듬감이 느껴지게 해야 한다고 설명한다. 우리나라 정규교육 과정을 떠올려 보라. 새 학기가 시작되는 국어 첫 단원은 모두 '시'에 대해서 공부한다. 시를 낭송하고 노래하면서 마음을 정화시키고 아름다운 우리말을 맛보게 하려고 짠 커리큘럼이라는 것이 개인적인 생각이다. 아이들도 자기가 쓴 시를 리듬을 살려 낭송하면 제법 근사한 느낌이 들고 신선해서 좋아한다. 자기들이 쓴 시에 곡을 붙여 즉석 자작곡을 만들기도 한다. 요즘에는 랩으로 표현하는 아이들이 많은데, 이것도 세상이 변했다는 것을 보여주는 하나의 표징이다.

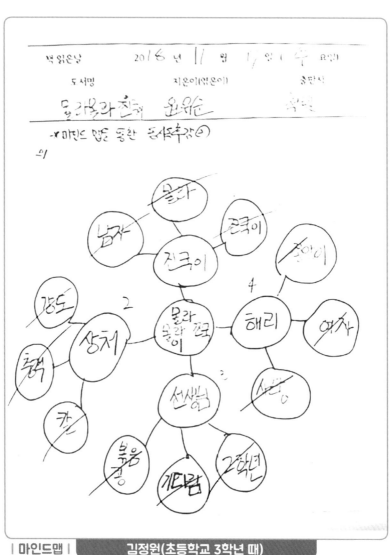

| 마인드맵 | 김정원(초등학교 3학년 때)

5. 함께 써 볼까요

책 읽은날　2013 년　9 월　3 일 (화 요일)

도서명　　　　지은이(엮은이)　　　　출판사

프린들　　앤드루클레먼츠　사계절

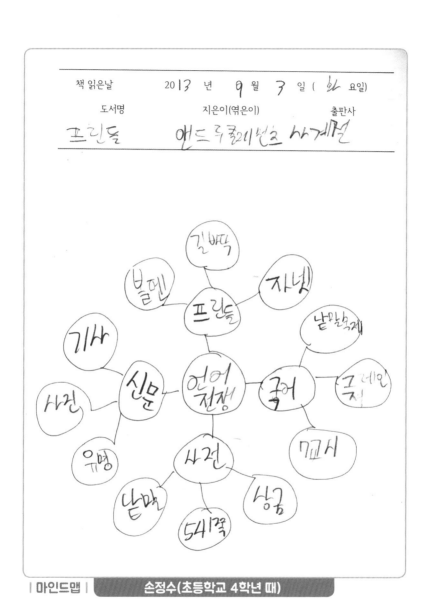

마인드맵을 활용하여 독후감을 동시로 표현하는 것에 대해 설명했지만 다른 방법으로 표현해도 된다. 마인드맵으로 줄거리를 요약하거나 인물을 분석해서 쓸 수도 있다. 이밖에도 마인드맵을 이용해 표현할 수 있는 여러 가지 방법을 고민해 본다면 새로운 방법도 많이 생길 것이다.

향기 나는 친구

루게릭병으로 죽은 야구 선수
상헌이의 근육도 나빠지네.
차츰차츰 딱딱하게 마비되는 몸

상헌이는 루게릭병 판정을 받았네.
두둥실 하늘나라로 가네.
상헌이가 남긴 향기 나는 편지

헌구는 퍽퍽 폭력을 쓰네.
친구들을 놀리는 나쁜 지남이
지남이 아빠가 무릎을 꿇었네.

상헌이와 다빈이는 으쌰으쌰 친한 친구
다정하게 사이좋게 지내네.

상헌이를 위해 대신 희생하는 다빈이

루게릭병에 걸린 상헌이가 불쌍하네.
다빈이와 같은 친구가 있는 게 부러워라
우리학교에 지남이 같은 아이들이 없었으면 좋겠네.

(초등 5 장지웅이 "향기 나는 친구"를 읽고 마인드맵을 활용해 쓴 동시)

과학책을 읽었다면 이렇게 써요

"쌤, 다음 주에 학교에서 과학 행사 한대요."
"그래? 드디어 4월이 돌아왔구나."
"이번에도 물 로켓이랑 과학 상상화 그리기랑 글짓기래요."
"그럼 너는 뭐 할 거야?"
"그냥 그리기 할까요?"
"정말? 내 눈을 보고 말해봐."
"알았어요. 알았어요."
"하하하 당연하지!"

여자와 남자는 뇌구조가 다르다는 말을 많이 한다. 여자와 남자의
차이를 인정하는 것이 필요하다. 그런데 어디까지가 차이이고 어디까

지가 차별인지 헷갈릴 때가 있다. 아이들도 학교에서, 가정에서 자기들이 '차별'을 당했다고 주장할 때가 있다. 그것이 차별인지 차이인지 구분이 애매할 때도 있는 걸 보니 내가 아직 명확하게 이해하지 못하고 있고 기준도 확실하지 않기 때문인 것 같다. 나와 수업할 때도 남자아이들은 자기들을 차별한다고 불만을 내비칠 때가 있는데, 무엇 때문에 그렇게 말하는지 솔직히 이해할 수 없을 때도 있다.

아무튼 차이인지 차별인지 대부분의 여학생은 과학책을 싫어하고 남학생은 시집을 싫어한다. 과학 관련 책을 빌려주면서 읽어 오라고 하면 여자아이들은 고개를 절레절레 흔든다. 고개를 흔드는 이유도 여러 가지다. 낱말 자체가 너무 어려워서 무슨 말인지 모르겠다고 하는 아이, 그림이 너무 징그럽게 그려져 무서워 싫다는 아이, 우리에게 필요하지 않으니까 읽기 싫다는 아이. 자기가 싫어하는 것을 합리화시키기 위해서 생각해 내는 이유는 무궁무진하다.

과거를 돌이켜 생각해 보면 나도 어릴 때는 물론이고 지금도 과학 분야 책에는 선뜻 손이 안 가는 게 사실이다. 어른도 자기가 싫어하는 분야는 멀리 하게 되는데 아이들은 오죽할까? 자기들이 싫어하는 분야의 책을 읽고 독서록까지 써 오라고 하니 흔쾌히 수긍하지 않는 것이 당연하다. 하지만 몸 건강을 위해서 음식도 골고루 먹어야 하듯 정신적인 건강을 위해서는 책도 편독하면 안 된다는 평소의 신념대로 아이들에게 싫어하는 분야의 책도 읽도록 하고 있다.

아이들이 아무리 거부해도 그 투정을 받아주지 않기에 할 수없이 책을 들고 가기는 하지만 끝까지 나와 협상을 하려고 하는 아이들을 보면서 겉으로는 화 난 것처럼 굳은 얼굴을 하고 있지만 마음속으로는 귀여워서 웃는다. 지금은 아직 어리기 때문에 자기가 비록 좋아하지 않는 분야일지라도 선생님이 시키면 억지로라도 읽을 수 있지만, 자유의지에 맡겨 놓으면 아이들이 스스로 선택할 가능성은 전혀 없다. 그렇게 읽고 온 과학책에 대해 독후감을 써 보자.

'과학독후감'이란 과학 분야의 책을 읽은 후에 쓰는 독후감에 붙인 이름이다. 매년 4월 21일은 과학기술 진흥을 위하여 제정된 '과학의 날'이다. 1973년에 제정·공포되었다. 과학기술의 중요성을 알리고 과학의 대중화를 촉진하기 위해 여러 단체나 기관에서 다양한 행사를 한다. 각 학교에서도 물 로켓 날리기, 과학 관련 상상화 그리기 등 다양한 행사를 한다.

나와 수업하는 아이들은 당연히 '과학독후감 쓰기'에 참여해야 한다는 무언의 압박을 받는다. 과학 행사 때 독후감 쓰기에 참가하지 않으면 선생님을 사랑하지 않기 때문이라거나, 너무 실망해서 기운이 없다거나 하며 아이들을 만날 때마다 반복적으로 이야기해서 아이들이 다음 해에는 꼭 독후감 쓰기에 참가하겠다고 약속하게 만든다. 가끔 아들의 집요한 성격 때문에 피곤하다고 핀잔을 주기도 하는데, 아마도 그런 성격은 나를 닮은 듯하다. 어쨌든 나와 수업하는 동안 몇 번 과학의 날 행사를 치른 아이들은 별로 어려워 하지 않고 독후감을 쓸 수 있게 된다.

과학독후감을 쓸 때도 '동화독후감'에서 설명한 책을 읽은 이유, 간단한 줄거리, 인상적인 장면과 이유를 앞부분에 쓴다.

과학책이나 위인전처럼 특별한 목적이 있는 책을 읽은 이유를 쓰기가 훨씬 쉽다. 그 책의 목적을 생각하면서 자신이 책을 읽은 이유를 연결하면 내용을 잘 모르고 막연하게 생각해 보고 써야 하는 동화책보다는 쉽게 떠올릴 수 있다. 예를 들어 《신기한 스쿨버스 – 허리케인에 휘말리다》를 읽었다면 '허리케인 속에는 어떤 과학의 원리가 숨어 있을까 궁금해서 읽었다'와 같이 쓰면 된다.

책을 읽은 이유를 쓴 다음에 간단한 내용을 소개한다. 과학독후감을 쓸 때에는 책에서 소개한 여러 가지 과학의 원리를 모두 쓰려고 하지 말고, 책에서 소개하는 원리가 적용되는 분야가 어디인지 공통점을 찾아 그것에 대한 내용을 쓰면 된다. 예를 들면 《아빠가 알려 주는 놀이동산에서 배우는 과학》을 읽었다면 제목에 이미 책 내용이 나타나 있으니 책에서 소개한 과학 원리가 적용된 놀이기구가 있는 놀이동산이 어디어디인지를 찾아서 'OO동산, OO랜드, OO월드에 있는 여러 가지 놀이기구 속에 어떤 과학 원리가 숨어 있는지 알아보고 같은 원리가 있는 놀이기구별로 묶어서 설명해주는 과학책이다'라는 식으로 쓰면 된다.

과학 동화는 일상생활 속에서 활용되고 있는 과학의 원리를 재미있고 쉽게 이해할 수 있도록 스토리텔링으로 풀어 쓴 책이 많으니까 너무 따분하거나 어려울 것 같다는 걱정은 하지 않아도 된다. 과학 용어는 워낙 어려우니 처음에는 과학 분야 만화책으로 공부하는 것도 괜찮다.

* 과학 독후감 ④ — 사실 듣기

o 책은 프리즐 선생님과 아이들이 아주 자세 변한 ... 타고 구름위로 가고 물방울이 되어 잦추되 ... 구름을 보고또 물에 대해서 공부하는 과학 책 이다. ...장 웃긴 장면은 아줌마가 낮에 화장실에서 수도 ...지를 위로 들자 아이들이 나와서 깜짝 놀란 장면이 다. 왜냐하면 말이 안 되고 물방울에 서바둥거리는 모습 ...이 불쌍하기도 하고 웃겼기 때문이다.

나는 이 책을 읽고 구름이 물이라는 것을 알게 되었 다. 그리고 숨쉬고 있는 공기에도 물이 있었다는 걸 알게 되었다. 또 우리 몸의 굵는 물이라는 것을 알 게되었다.

나는 물에 대해물이 몸의 어느부위에 있는지 더 알고 싶다. 그리고 인천에서 붉은 수돗물이 왜나오는지 여알 고 싶다.

나는 이 책을 읽고 물은 소중한 존재중 1가지 인 것의 신기하다고 느꼈다. 또 물이 증발하면 구름이 되서 비가 내리면 그비가 다시 구름이 되서 신기하다고 생각 했다.

| 과학 책 | **서아린(초등학교 3학년 때)**

책 읽은날	20 17년	2월	1일 (수 요일)
도서명	지은이(엮은이)		출판사
물방울이 되어 정수장에 갔어요	조애너 콜		비룡소

＊ 과학 독후감 ①
　　과학책을 읽고 쓰는 독후감
　①동기 ②책소개 ③가장○○ 장면. 왜? ④알게된점 3가지.
　⑤더 알고 싶은점 2가지 ⑥생각. 느낌 .
　나는 이 책을 재미있을 것 같아서 읽었다.
　이 책은 프리즐 선생님과 그반 아이들이 작아진
　쿨 버스를 타고 구름위로 갔다가 정수장에 가서
물 이 순환되는 과정, 정수 하는 과정, 수증기 될 등에대해
서 공부하는 과학책이다.
　가상 웃긴장면은 반아이들과 선생님이 마지막에 여자화
장 실 수도꼭지에서 물과함께 나오는 장면이다. 왜냐하면
그 중에 남자도 있는데 여자화장실로 나왔기 때문이다.
　나는 이 책을 읽고 지구위에있는 물중에서 먹을 물은 1프로밖에
토 가채 안된다는것을 알게되었다. 그리고 물의 순환 때문에 물의
양 은 항상똑같다는 것도 알게되었다. 또 누수는 물이 새는 것이라
것 도 알게되었다.
　나는 정수장에대해서 물이 정수되는 다른과정이 있는지 더알고싶고,
토 파이프를 만드는데 다른 재료는 없는지 더알고싶다.
' 나는 이 책을 무기힙에 오는 물은 어디서 공급되는지 궁금한 생각
이 들었다. 물이 소중하다고 느꼈다.

다만 만화의 특성상 문장을 사용하기보다는 짧은 단어의 조합으로 이야기가 전개되는 경우가 많으니 만화로 흥미를 느꼈다면 반드시 과학동화를 읽는 것으로 넘어가길 바란다.

간단한 책 소개가 끝나면 기억에 남는 장면을 6하 원칙을 활용해서 쓴 다음, 그 장면이 기억에 남는 이유를 자신의 감정과 관련해서 쓴다. 이때 자신이 겪은 일이 있다면 그 경험을 함께 연결해서 쓰는 것도 좋은 방법이다.

이제부터는 그동안 내가 몰랐지만, 과학책을 읽고 알게 된 내용을 구체적으로 쓴다. 단순히 '바이킹(놀이기구)에 과학의 원리가 들어 있다는 것을 알게 되었다'라고 쓰지 말고 '바이킹을 움직이게 하는 데에는 원심력과 중력이 작용하고 바이킹의 속도는 30~40km, 움직이는 각도는 75~90도가 된다는 것을 알게 되었다'와 같이 자세하게 써 준다. 알게 된 점을 쓸 때는 자신의 감정보다는 사실에 근거해서 쓰는 것이 좋다.

책을 읽고 알게 된 사실을 쓸 때 자세히 쓰면 문장이 길어지니까 글씨 쓰는 게 귀찮아서 이미 알고 있던 간단한 사실을 쓰려고 하는 경우가 가끔 있다. 이럴 때 너무 강압적으로 쓰게 하지 말고 한 가지 사실을 쓰더라도 의미를 이해했는지 질문하면서 확인한다. 알게 된 사실을 쓴 후에 그것에 대한 자신의 감정이나 느낌을 쓴다. 과학책을 읽고 알게 된 점을 3~4가지 쓴 후 책에서 설명한 것 이외에 더 알고 싶거나, 궁금한 점이 무엇인지 1~2가지 써 준다. 예를 들면 《신기한 스쿨버스 – 허리케인에 휘말리다》를 읽었다면 책에 허리케인의 이름이 몇 가지 나오는데, '허리케인의 이름은 어떻게 붙이는지 알고 싶다'라고 쓰거나 '우리나라에서 지은 허리케인의 이름에는 어떤 것이 있는지 궁금하다'라고 쓴다. 책을 읽고 알게 된 점과 더 알고 싶은 점을 쓰는 것이 과학독후감을 쓸 때 가장 중요한 부분이다.

책을 읽고 알게 된 점과 더 알고 싶은 점을 썼다면 이제 마무리를 할 때다. 과학이라는 분야는 우리 생활 속에 깊숙이 자리 잡고 있음에도 그 중요성을 잘 느끼지 못한다. 특히 순수과학에 대한 관심은 거의 제로에 가깝다. 우리는 살아가면서 다양한 분야에서 과학의 혜택을 받고 있음에도 관심에서 멀어져 있는 현실에 안타깝고 미안한 마음이 들기도 한다. 이런 현상을 증명하듯 청소년들을 대상으로 한 장래 직업 조사에서 2016년 이후 과학자는 10위권에도 들지 못하는 것으로 나타났다.

이런 과학에 대해 이제 한마디로 정의를 내릴 때이다. 아이들로 하여금 과학을 '한마디로 정리하면 무엇이라고 할 수 있는지' 말하게 하고 왜 그렇게 생각하는지 그 이유도 함께 쓰게 한다. 아이들은 과학을 대부분 발명, 호기심, 신기함, 고마움, 연구 등과 같은 말로 표현한다. 아이들의 표현을 듣고 있으면 모두 미래의 과학자가 되면 좋겠다는 생각이 든다.

재미없다고 생각하던 과학책을 읽고 독후감을 쓰면서 느낀 점이나 생각, 결심 등을 쓰면 과학독후감이 마무리된다.

과학독후감을 쓰기 전에 아이들과 책 속에 나오는 원리에 대해 서로 문제를 내고 맞추는 '퀴즈 풀기'도 진행한다. 개념을 이해하게 하려면 한 번이라도 더 접하는 것이 필요하다고 생각하기 때문이다. 퀴즈를 할 때 아이들의 특성이 잘 나타난다. 아이들끼리 할 때보다 아이들이 한 팀이 되고 나와 대결을 할 때 아이들은 더 열심히 문제를 푼다. 승부욕이 강한 아이를 만나면 흥미진진한 대결이 벌어지기도 한다. 그때 나 역시 승부욕이 강한 사람이라는 사실을 다시 한 번 인정하게 된다. 초등학생에게 지지 않으려고 엄청 열심히 퀴즈를 풀고 있는 나를 보면서.

책 속 주인공을 살펴보자

☺ 내가 주인공이라면 어떻게 했을까?

☺ 나는 OO과 같은 상황에서 어떤 행동을 했을까?

☺ 나는 OO이에게 뭐라고 말했을까?

☺ 주인공은 OO이라고 했지만 나는 △△라고 했을 텐데.

책을 읽으면서 생각하게 되는 것들이다. 나는 책 속 주인공과 어떻게 다르게, 또는 어떤 방법을 선택했을까를 상상해 보는 것이 바로 책을 읽는 재미 중 하나다. 동화독후감에서 네 번째로 썼던 '내가 만약 OO이라면, 왜?' 부분을 좀 더 자세하게 들여다보면서 쓰는 독후감으로 '주인공 평가와 비교독후감'이다.

동화독후감에서 설명했듯이 여기서도 처음에는 책을 읽은 동기를 쓴다. 지난번에 제목을 보고 쓰는 동기와 겉표지에 있는 그림을 보고 쓰는 동기를 써 봤으니 이번에는 상상해서 쓰는 동기를 써 보자. 상상해서 동기를 쓸 때는 책의 내용을 몰라야 한다. 책의 내용을 전혀 모르는 상황에서 단순히 제목이나 그림을 보고 어떤 내용일까를 상상해본다. 그리고 '제목이나 그림을 보고 OOO 하는 내용일 것이라고 상상했는데 내가 상상한 내용과 진짜 책 내용이 어떻게 다른지 확인해 보려고 읽었다'와 같은 방식으로 쓰면 된다.

상상해서 동기를 써 보라고 하면 아이들은 3차원, 4차원 세계로 상상의 나래를 펴서 마치 공상 과학소설을 쓰듯이 상상하기도 한다. 그럴 때면 나는 아이들에게 "너무 멀리 갔으니 어서 돌아오너라!"라고 여행 간 아이들의 상상력을 현실로 데려 와야 한다. 진지한 이야기를 할 때는 입도 뻥끗하지 않던 아이들, 특히 남자아이들이 상상해서 쓰기를 할 때는 어찌나 황당한 상황을 만들어 내는지 놀라울 따름이다.

그런데 아이들이 상상하는 내용은 대부분 서로 싸우고, 전쟁을 일으키고, 나아가 핵전쟁이 생기는 것이어서 마음이 아프다. 게임에 빠져 있고 그 게임이 대부분 상대를 때려 눕혀야 본인의 레벨이 올라가는 폭력적인 게임이라서 그럴까? 상상하는 내용이 지나치게 폭력적임에도 그것을 하나도 심각하지 않게 받아들이는 아이들의 현실이 걱정스러운 건 나의 지나친 염려일까?

다음에는 책의 간단한 줄거리를 쓴다. 줄거리를 쓸 때에는 개요표를 작성하는 방법을 이용할 수 있다. 책의 내용을 3~4 부분으로 나눈 후 줄거리를 요약할 수 있는 표를 만들어 빈칸에 해당하는 부분에서 중요한 단어를 3~4개씩 뽑는다. 그리고 그 단어를 연결해서 문장으로 만들면 줄거리 요약이 완성된다.

다시 한 번 강조하지만 줄거리 요약은 하루아침에 잘 할 수 있게 될 만큼 간단하거나 쉽지 않다. 계속 연습하고 또 연습하다 보면 스스로 어떻게 해야 하는지 감을 잡을 수 있다. 성격적으로 요약을 쉽게 잘 하는 아이가 있는가 하면, 반대로 아무리 요약을 하려고 해도 하고 싶은 말이 너무 많아서 잘 안 되는 아이도 있다. 아이가 어떤 성향인지를 파악해 너무 짧게 하는 아이에게는 문장을 조금 더 자세하게 쓰는 연습을, 너무 길게 하는 아이에게는 문장을 줄이는 방법을 연습시켜야 한다. 줄거리 요약은 같은 책이라도 요약할 때마다 자신의 상황이나 기분에 따라 내용이 조금씩 달라지니 너무 한 가지 틀에만 구애받지 않도록 한다.

그다음 기억에 남는 장면을 쓴다. 마찬가지로 자신의 감정을 표현하는 단어를 넣어서 6하 원칙으로 장면을 설명한다. 그리고 그 장면을 선택한 이유를 자신의 경험이나 감정과 함께 쓴다. 친구들이 모두 똑같은 책을 읽었을지라도 자신이 처한 상황이나 그날의 기분, 평소의 신념 등에 따라 선택하는 장면이 다르다. '백짓장도 맞 들면 낫다'는 속담처럼 친구들과 함께 수업하면서 서로 다른 모습을 보는 것이 팀 수업의 가장

책 읽은날	2019 년 2 월 22 일 (금 요일)	
도서명	지은이(엮은이)	출판사
오합지졸 배구단 사자어금니	강인경	파란 자전거

★ 주인공 비교 독후감 ①

나는 이 책의 제목 '오합지졸 배구단 사자어금니'를 보고
배구단 이름이 왜 사자어금니 인지 궁금해서 읽었다.

이 책은 다문화 가족인 준수가 처음에는 엄마를 싫어하다가
같이 배구연습을 하면서 서로 친해지고, 다문화가족이 겪는 여러가지
어려움도 알게되고 준수는 엄마를 좋아하게 되는것에 대한 이야기 이다.

가장 걱정되는 장면은 남희가 저녁에 집에서 준수가 자고있어서
집을 나간 장면이다. 왜냐하면 아직 어린 남희가 없어져서
못 찾을것같아 걱정되기 때문이다.

주인공 준수가 잘한점은 레티가 배구연습을 가는데 따라다닌점이다.
그리고 또다른 주인공 레티가 잘한점은 남희를 찾았을 때
준수를 혼내지 않은 것이다. 그러나 준수가 잘못한점은
처음에 레티에게 버릇없게 대한 것이고 레티의 단점은
말 배우는 것을 적극적으로 하지 않은 것이다.

두 주인공 준수와 레티의 비슷한점은 둘다 배구 연습장에
다닌다는 점이다. 그러나 차이점은 레티는 베트남 사람이고
준수는 한국 사람이다.

나는 이책을 읽고 외국인도 똑같이 대해야 겠고
다문화에 대해 알아 봐야 겠다.

| 책속 주인공 | 나은교(초등학교 5학년 때) |

책 읽은날	2018 년 11 월 6 일 (화) 요일

도서명	지은이(엮은이)	출판사
땅끝마을 구름이 버스	임정진	밝은미래

★ 주인공 평가 독후감 ③ ~ 제목 짓기

내 √ 나는 이 책의 제목 ' 땅끝마을 구름이 버스'를 보고
땅 끝마을이 어디인지 궁금해서 읽었어.

√ 이 책은 재린이가 전학온 학교가 학생이 많이 없어서
페 교될줄 알았는데 버스도 사고 재린이가 무사히 졸업
하 는 것에 대해서 이야기 하는 책이야.

√ 가장 대단해 보였던 장면은 아이들이 아침에
산 에서 학교를 예쁘게 꾸며서 미니 톰피에 올 릴려고
나 무도 심고 할미꽃도 심는 장면이야. 왜냐하면 아이들이
다 같이 산에서 놀지도 않고 힘들게 노력해서 대단해
보 였기 때문이다.

√ 재린이가 잘한점은 끝까지 노력했다는 점이
장 점이야. 그러나 단점은 처음에는 페교가 될줄알고
처 음부터 쉽게 포기한점이야.

√ 내가 재린이 라면 처음부터 쉽게 포기하지 않을
거 야. 왜냐하면 이 학교가 어떻게 될지 모르는데
처 음부터 포기했기 때문이야.

√ 나는 이 책을 읽고 노력을 해서 못할것은 없다는
생 각이 들었어. 그리고 친구들, 오빠, 언니 와 친하게
지 내야 된다고 느낌이 들었어.

좋은 점이다. 다름과 틀림을 구분하고 인정하는 방법을 현실에서 직접 느끼고 배울 수 있으니까.

이제부터 책 속 주인공에 대해서 살펴보자. 먼저 주인공의 장·단점을 찾는다. 책 내용 중에서 주인공이 했던 말과 행동을 통해 주인공의 장점과 단점을 찾게 한다. 요즘 책 속 주인공들의 모습에서는 옛날 위인전을 읽을 때 느꼈던 '완벽한 인간'에 대한 괴리감같은 것은 나타나지 않는다. 주인공들은 평범한 우리와 똑같다. 때로는 실수하고 나쁜 일도 하지만 다시 뉘우치고 좋은 결과를 만든다. 그래서인지 주인공이 저 멀리 딴 세상에 있는 가공의 인물이 아니라 마치 내 옆에 있는 친구처럼, 때로는 또 다른 나 자신처럼 느낄 수 있다. 그런 주인공이 잘한 점은 무엇이고 잘못한 점은 무엇인지를 찾아서 쓰는 것이다.

잘한 점과 잘못한 점을 찾을 때, 책의 결과를 생각해서 찾지 말고 과정을 살펴봐야 한다. 대부분의 책은 '그래서 행복하게 잘 살았습니다'로 마무리되니까 결과가 아니라 그렇게 되기까지의 과정에서 주인공이 했던 행동을 살펴봐야 잘한 점과 잘못한 점을 찾을 수 있다. 가끔 아이들이 주인공이 잘못한 점이 없다고 투정을 부릴 때가 있다. 아무리 생각해도 잘못한 점을 찾을 수 없을 때는 그냥 넘어가도 된다.

주인공의 장·단점을 살펴보았다면 이제부터는 주인공과 등장인물을 비교해 본다. 두 인물의 장·단점을 각각 1~2가지 살펴보고 두 인물의 공통점과 차이점을 각각 2~3가지 찾아서 쓴다. 주인공이 어려움에 처했을 때나 주인공이 잘못된 행동을 하려고 할 때 대부분 옆에서 그것을 제어하는 등장인물이 있다. 또는 주인공이 나쁜 일을 하도록 부추기는 역할을 하는 등장인물도 있으니 성격이 다른 등장인물을 선택하면 좋다. 주인공과 등장인물을 비교하면서 그들이 책의 내용을 어떻게 이끌어 나가고 있는지 파악할 수 있다. 누구에게나 주인공이 되라고, 앞서서 이야기하는 지도자가 되라고 가르치는 사회에서 협력자·조력자의 역할이 얼마나 중요한지를 생각할 수 있게 된다.

주인공 혼자서는 제대로 할 수 있는 일이 별로 없다는 것도, 함께 힘을 합하면 보다 더 큰 결실을 맺을 수 있다는 사실을 책을 통해 다시 한 번 느낄 수 있다. 그리고 자신이 앞에 나서는 지도자 역할에 맞는 성향인지, 뒤에서 도와주는 등장인물과 같은 성향인지를 생각해 볼 수 있다.

주인공과 등장인물을 비교했다면 이제 주인공과 자신을 비교해 보자. 마찬가지로 주인공과 나의 장·단점을 살펴보고, 주인공과 나의 비슷한 점과 다른 점을 쓴다. 인물을 비교할 때 주의할 점은 '누가 더 잘했는지? 못했는지?', '누가 더 좋은지? 나쁜지?'처럼 선과 악으로 나눠서는 안 된다는 것이다. 서로 다름을 찾는 것이지 좋고 나쁨을 결정하기 위해서 비교하는 것은 아니다. 흔히 비교한다고 하면 '차이'보다는 '차별'에 중점을 두기 쉬운데 그런 함정에 빠져들지 않도록 주의해야 한다. 다행스러운 것은 아이들은 이런 차이를 단순하게 인정한다. 아이들의 순수함이 이럴 때 잘 발휘된다.

주인공과 등장인물, 나 자신을 비교하며 살펴본 후 '내가 주인공 ○○○이라면 △△ 상황에서 어떻게 했을지'를 쓰고, 왜 그렇게 생각하는지 이유도 함께 쓴다. 대부분 앞 문단에서 살펴본 내용을 중심으로 주인공이 잘못한 행동을 바르게 고치겠다고 쓰는 경우가 많다. 이유로 는 그런 행동을 하면 상대방에게 상처를 주게 되기 때문이라거나 법을 어기는 것은 나쁜 행동이기 때문이라고 한다. 이것이 아이가 스스로 올 바른 가치관을 정립해가는 과정이다. 책 한 권을 읽고 독후감을 쓰면서 참 많은 것을 살펴보고 얻을 수 있으니 책 읽기가 얼마나 중요한 일인 지 다시 한 번 느낀다.

여기까지 썼다면 이제는 책을 읽고 난 후 전체적인 자신의 느낌과 결심 등을 쓴다. 단순히 재미있었다가 아니라 어떤 부분에서 도움이 됐 는지, 앞으로 어떻게 적용하고 실천할 것인지 등을 구체적으로 써야 한 다. 동화의 소재도 사회의 변화에 따라 많이 달라졌다.

내가 처음에 독서 지도를 시작했을 때는 '학교 생활 동화'라고 해서 학교에 적응하는 과정에 대한 이야기와 장애인에 대한 내용이 많았고, 그다음에는 왕따 문제를 다루는 내용이 많았다. 지금은 다문화를 다루 는 내용이 제법 많다. 《안녕 베트남 신짜오 한국》이라는 책을 읽고 책 속 주인공을 살펴보는 독후감의 마지막 문단을 쓴다면 '한국에 와서 친 구들의 놀림 때문에 힘들어 하는 한새를 보고 우리 반에 있는 ○○○에 게 하루에 한 번 친절하게 말을 건네야지 라고 결심했다'와 같이 구체 적인 실천 방법을 쓰면 된다.

'일독일행(一讀一行 : 책 한 권을 읽고 한 가지씩만 실천하기)'을 1년 동안 꾸준히 실천하면 아마도 다른 사람으로 변화된 자신을 만날 수 있을 것이다. 책을 읽어 지식만 키우는 것이 아니라 행동의 변화로 연결되어야만 진짜 책읽기가 완성되는 것이니까.

이제부터 책 속 주인공과 함께 즐거운 만남의 시간을 만들어 보자.

내가 작가가 된다면

꿈이 작가인 아이들이 있다. 예전에는 동화 작가가 되고 싶다고 말하는 아이들이 있었는데, 세월이 변했는지 지금은 웹툰 작가나 인터넷 소설 작가가 되고 싶다고 한다. 6학년 여자친구는 초등학교 3학년 때부터 웹툰 작가가 되고 싶다는 꿈을 갖고 있었고, 지금도 변함없이 그 꿈을 위해 여러 방향에서 노력하고 있다. 최근에는 컴퓨터로 그림 그리기를 배우면서 일본 작가의 책을 꾸준히 읽고 있다. 기특하고 아이의 미래가 기대된다.

작가가 되고 싶다는 아이들은 공통적으로 책을 읽고 그것을 자신만의 방법으로 기록하는 것을 좋아한다. 그림으로 그리기도 하고 메모를 남기기도 하고. 때로는 자신이 쓴 글을 나에게 보여주며 쑥스러워 하기도 한다. 그런 과정이 차곡차곡 쌓이면 나중에 자신들이 꿈꾸던 작가가 되어 있지 않을까?

나도 작가가 되고 싶다는 꿈을 갖고 있다. 그래서 수시로 이런저런 글을 조금씩 써 봤는데 생각처럼 진도가 나가지 않았다. 결국 하나도 완성하지 못하고 시간이 흘렀다. 그러면서 '작가는 타고난 재능이 있어야 하는데 나는 그 정도의 재능은 없구나!'라며 포기하곤 했다. 재능보다 노력이 더 중요하고 필요하다는 것을 알면서도 내가 안 되는 부분에 대해서는 쉽게 포기하고 자신을 합리화시키는 것이다.

"선생님은 책 안 써요?"

"책을 아무나 쓰니? 나는 못 써!"

"왜요? 우리한테 글 쓰기 가르치는데 왜 못 써요?"

"이렇게 짧게 쓰는 거 하고 책 한권 쓰는 거 하고는 다르지."

"그래도 써 보세요. 선생님이 책 쓰면 제가 꼭 읽을게요."

"그럼 우리가 작가처럼 조금씩 써 볼까?"

내가 작가가 된다면 '책의 내용을 어떻게 바꾸고 싶은지?' '책에 어떤 내용을 더 넣고 싶은지?' 반대로 '어떤 내용을 빼고 싶은지?'를 생각해서 써 보자는 의도로 만든 것이 바로 '작가되어보기독후감'이다

이것을 쓸 때도 처음에는 책을 읽게 된 동기를 쓴다. 앞에서 제목을 보고 어떤 생각이 들어서 읽었는지, 겉표지 그림을 보고 어떤 생각이 들어서 읽었는지, 책의 내용이 어떤 내용일지 상상해서 동기 쓰는 것을 해 봤으니 이번에는 사실 그대로 책을 읽은 이유를 써 보자. 아이들은 대부분 "숙제라서 읽었다."라고 하거나 "엄마한테 혼날까봐 읽었다."라고 대답한다. 간혹 "논술 덕분에 읽었다."라고 대답하는 아이들이 있는데, '때문에'와 '덕분에'는 차이가 크므로 '덕분에'라는 말이 얼마나 고맙고 행복한지 모르겠다.

아이들의 솔직한 대답이 우습기도 하고 아쉽기도 하지만 부모님의 통제 하에 있을 때라도 책을 열심히 읽었으면 하고 바라는 것이 나의 솔직한 심정이다. 나와 수업을 하는 동안에는 억지로 일주일에 1권은 꼭 읽어야 한다. 그렇게 몇 년 지속하면 읽은 책의 권수가 꽤 늘어난다. 아이들이 나와 더 이상 수업을 하지 않게 될 때 그동안 각자 읽은 책 목록을 작성해서 주는데, 아이들은 그 목록을 보고 자기들이 그동안 이렇게 많은 책을 읽었냐며 뿌듯해 한다.

동기를 썼으면 작가 소개를 해 보자. 책 앞·뒤 표지의 날개를 보면 대부분 작가 소개가 되어 있다. 작가 소개와 책에서 내용을 시작하기 전·후에 있는 작가의 말을 참고하면 된다. 그 부분을 읽어보고 작가가 이 책을 쓰게 된 계기나 평소에 관심을 갖고 있는 것, 전하고 싶은 메시지를 요약해서 쓴다. 작가의 출생 시기나 학력 등은 쓰지 않아도 된다. 예전에는 책 앞날개에 있는 작가 소개에서 대부분 출생, 고향, 학력 등을 표기했는데 지금은 그런 내용은 거의 없고 작가의 관심사, 가치관, 경험 등을 소개하는 경우가 많다.

이제 책의 내용을 간단하게 소개해 보자. 마인드맵으로 정리한 후 요약하기, 한 사건을 중심으로 발단→전개→위기→절정→결말의 순서로 요약하기, 주인공의 마음 변화를 읽어나가면서 요약하기 등 여러 가지 방법을 번갈아 사용해보면 좋겠다. 책의 줄거리를 낱낱이 기억해야 하는 것은 아니지만 줄거리를 간추릴 수 있어야 저자가 전하고 자 하는 중심 메시지를 이해할 수 있으니 내용 요약하는 연습은 꾸준히 해야 한다.

줄거리를 소개했으면 인상에 남는 장면을 쓴다. 꼭 한 장면만 써야 하는 것은 아니고 경우에 따라 기억에 남는 장면을 2~3개 써도 된다. 그런데 장면을 쓸 때는 6하 원칙에 의하여 왜 인상에 남는지 자신의 감정이나 이유를 함께 써야 한다. 6하 원칙으로 장면을 쓸 때 '왜'에 해당하는 것은 책의 내용에서 찾는 이유를 말하고 장면 뒤에 쓰는 자기 기분은 그 장면에 대한 것을 쓰는 것이다.

이제부터 내가 작가가 되어 보는 시간이다. 작가의 입장에서 이 책을 통해 말하고 싶은 주제가 무엇이었는지를 생각해 본다. 어떤 사건을 통해 어떤 메시지를 전달하고 싶었는지 찾아서 써 준다. 예를 들면 《책과 노니는 집》을 읽었다면 '주인공 장이의 아버지가 천주학 책을 필사한 것 때문에 천주학쟁이로 몰려 매를 맞아 집에 누워 있을 때 아무도 모르게 편지와 돈을 놓고 가는 장면을 통해 우리나라 역사에서 천주교 박해시대에 얼마나 많은 사람들이 고통받고 힘들게 살았는지 알고 우리나라 역사에 대해 관심을 가져야한다는 것을 강조한다'라고 쓴다. 이렇게 책의 저자가 들려주고 싶은 주제 2~3가지를 써 준다.

다음 문단에서는 내가 이 책을 다시 쓴다면 어떻게 할 것인지에 대해서 쓴다. 제목을 다르게 바꿀 것인지, 어떤 내용을 추가 혹은 삭제할 것인지, 어떤 내용을 다르게 쓸 것인지에 대해서 구체적으로 쓴다. 예를 들면 《개성빵》은 북한에서 탈출해 한국에 와서 살고 있는 기태네 가

책 읽은날	20 18 년 1 월 16 일 (수 요일)		
도서명	지은이(엮은이)		출판사
나눔 텃밭	고정욱		북 쓰토리 아이

※ 책 평가 독후감 ⑤ - 사실등기

  나는 이 책을 내가 논술 시간 에 골라서 읽었다.
이 책은 연우가 석진이가 다니는 아 동센터에
갔는데 석진이가 연우에게 책이 한권도 없다고
해서 책이나 돈을 연우네 반 아이들이 아동센터에
기부했는데 연우가 받는사람의 입장을 생각하지
못 하는 실수를 해서 참다운 기부에 대해서 알
아 가는 내용이다.

  가장 불쌍했던 장면은 석진이가 오후에 아
동 센터에서 연우에게 집에 책이 없어서 책이
없 다고 말하는 장면이다. 왜냐하면 석진이가
그 만큼 가난해서 불쌍했기 때문이다.

  이 책의 장점은 기부에 대해서 알수 있고, 기
부 를 할수도 있기 때문이다. 그러나 단점은
연 우처럼 받는사람의 입장을 생각하지 않는 실수를
할 수도있고, 가난 한 사람을 얕잡아 볼수도 있기
때 문이다.

  내가 지은이 고정욱 이라면 마지막에 축구
할 때 얼마나 고 금했는지 쓸 것이다. 왜냐하면
연 우가 많이 고 금하면 연우도 좋고, 사람들 도
좋기 때문이다.

| 내가 작가가 된다면 | 김성윤(초등학교 3학년 때) |

책 읽은날	20 19 년 10 월 1 일 (화 요일)	
도서명	지은이(엮은이)	출판사
전원 교향곡	앙드레 지드	좋은 어린이 책

❋ 책 평가 독후감 ③ - 그렇둥기

나는 책 겉표지에 있는 여자와 남자가 슬픈 표정을 짓고 있는것을 보고 왜 슬픈 표정을 짓고 있는거 궁금해서 읽었다.

이 책은 목사가 눈 먼 소녀 게르트뤼드를 데려와서 교육을 시키면서 서로 사랑에 빠졌는데 게르트뤼드가 눈 수술을 해서 눈을 떴는데, 그녀가 좋아하는 남자가 목사가 아니라 목사의 아들인 자크를 좋아한다는 것을 알고 괴로워서 죽는 이야기다.

가장 놀란 장면은 게르트뤼드가 눈수술을 하고나서 자신이 좋아하는 사람이 목사가 아니라 자크라는 것을 깨달아서 자살시도를 한 장면이다. 왜냐하면 둘이 좋아서 스킨십까지 했는데 알고봤더니 게르트뤼드가 자크를 좋아한다는 것을 알고 충격적이기 때문이다.

이 책의 장점은 자신의 이익을 위해 다른 사람들에게 피해를 주거 않게 것을 깨닫게 해주는 점과 참다운 사랑의 기준을 세울 수 있는 점이다. 반면에 단점은 목사에 대한 부정적인 이미지를 심어줄 수 있는 점과 시각장애인에 대한 편견을 나타내고 있는 점이다.

내가 만약 앙드레 지드 라면 게르트뤼드가 목사의 양녀가 되어 한 가족으로 행복하게 살아가게 할 것이다. 왜냐하면 세 사람 다 자신이 원하는 것을 이루지 못하고 한 사람은 죽어서 안타까웠기 때문이다. 나는 이 책을 읽고 아름다운 연애를 해야겠다고 생각했고, 세 사람이 안타까웠다.

| 내가 작가가 된다면 | 채연수(초등학교 6학년 때) |

족 이야기인데 '기태와 기옥이가 학교에서 북한말을 쓴다고 놀림 받는 장면을 선생님과 아이들이 기태와 기옥이에게 친절하게 설명해주고 도와주는 내용으로 바꿀 것이다'라고 쓰고 그렇게 하고 싶은 이유도 함께 쓴다. 아이들은 대부분 친구를 때리거나 욕하는 장면을 삭제하고 싶다고 하거나 나쁜 일하는 장면은 책을 읽는 아이들이 따라할 수 있기 때문에 빼고 싶다고 한다. 작가가 되어서 마음대로 내용을 변경해 보라고 하면 가장 많이 선택하는 것이 제목 바꾸기다. 원래 제목과 비슷하게 바꾸기도 하지만 전혀 새로운 제목으로 바꾸기도 한다. 아이들이 새로 붙인 제목이 더 내용과 잘 어울린다는 생각이 들 때도 많다.

작가가 되어 해 보고 싶은 것을 썼다면 마지막으로 이 책을 읽고 느낀 점을 쓴다. 책을 읽고 독후감을 쓸 때 '대단하다, 부럽다' 등과 같은 감정을 쓰고 '나도 이제부터 OOO 해야겠다'라는 결심을 쓰는 것도 좋다. 그런데 더 바람직한 것은 자신의 결심을 어떻게 지킬 것인지 구체적인 계획과 실천을 점검 해 볼 수 있어야 한다. 실천이 없는 결심은 나에게 도움이 되지 않으니까. 책을 얼마나 많이 읽었는가, 독후감을 몇 편 썼는가보다 내 삶에 적용하고 실천해서 얼마나 도움이 되었는가가 더 중요하기 때문이다.

지금까지 여러 가지 형태로 독후감 쓰는 방법에 대해 살펴봤는데 이것은 내가 만든 형식일 뿐이다. 모든 독후감을 이런 형식으로 써야 하는 것도 아니고 이것이 정답도 아니다. 이렇게 틀에 맞춘 형식이 마음에 들지 않는다면 자신의 방식대로 써도 된다. 독후감이란 책을 읽은 후에 자신의 느낌을 쓰는 것이니까.

수많은 아이들과 함께 독후감 쓰기 수업을 하면서 어떻게 써야 할지 막막해 하는 아이들을 조금이라도 도와주고 싶은 마음에서 정리한 내용이다. 이런 방식으로 나와 함께 수업했던 아이들이 중·고등학생이 되면 내가 제시한 기본적인 틀에서 자기의 생각을 확장시켜 글을 쉽게 쓰는 것을 많이 본다. '모방은 창조의 어머니'라는 말처럼 이미 짜 놓은 틀을 모방해 자기만의 색깔을 덧입히면 된다. 갈수록 자신의 생각을 글로 표현해야 할 상황이 많아지고 있다. 중·고등학교에서 각 과목마다 수행평가를 할 때도 글 쓰기로 제출하는 것이 기본이고, 사회에서도 글 쓰기가 필요한 경우가 많다.

이 글은 나와 직접 만나지 못하는 아이들에게 도움이 되길 바라는 마음에서 썼다.

마치는 글

　누군가 나에게 공부 잘하는 아이로 키우는 방법을 묻는다면 나는 대답할 수 없다. 하지만 책 읽는 아이로 키우는 방법을 묻는다면 자신 있게 이야기할 수 있다.

　책 읽는 아이로 키우기 위한 첫 번째 방법은 스스로 책을 집어 들고 읽을 수 있는 환경을 만들어 주는 것이다. 책을 읽을 수 있는 환경을 만들어 놓으면 자연스럽게 책을 가까이 할 수 있게 되고, 가까이 하다 보면 재미와 보람을 느끼면서 나중에는 자기 스스로 책을 들고 읽을 수 있는 자유의지가 생긴다. 자유의지로 책을 읽게 되면 아이는 놀라운 속도로 성장하게 될 것이다.

　책 읽는 아이로 키우기 위한 두 번째 방법은 매일 꾸준히 하는 것이다. '생활의 달인'이라는 시청률 높은 프로그램이 있다. 각 분야에서 오랫동안 똑같은 일을 해서 달인의 경지에 오른 사람들을 소개하는 프로그램이다. 떡 빚는 달인, 연탄 빨리 쌓는 달인 등 어느 누구도 넘을 수 없는 실력을 갖고 있는 이들이 등장한다. 그들의 공통점은 바로 매일매일 했다는 것이다. 독서도 그렇다. 어느 날 하루 온 종일 책을 읽는 것보다 단 2~3장이라도 매일매일 읽는 것이 중요하다. 손이 닿는 어느 곳에나 책이 놓여 있는 환경을 만들고, 화장실에 갔을 때, 학원에 가기 전, 잠들기 전처럼 짧은 순간이라도 매일 한 번 이상 책을 읽어야 한다. 그렇게 매일매일 꾸준히 책을 읽다 보면 어느새 자신도 모르는 사이에 책 읽는 사람으로 바뀌어 있는 것을 발견하게 될 것이다.

　책 읽는 아이로 키우기 위한 세 번째 방법은 부모가 먼저 책을 읽는 것이다. '자식은 부모의 뒷모습을 보고 자란다'는 말을 많이 들었을 것이다. 부모님은 1년에 책 1권도 안 읽으면서 아이들에게 책을 읽으라고 말하면 아이들 입장에서는 잔소리로밖에 들리지 않는다. 나와 수업하는 아이들이 공통적으로 하는 말 중의 하나가 바로 "우리 엄마, 아빠는 책 안 읽어요."라는 것이다. 정말 부끄러운 모습이다. 아이들이 책 읽는 동안 핸드폰을 만지거나 텔레비전 앞에 앉아 있지 말고 부모도 함께 책을 읽어야 한다. 책 읽는 게 부담되면 신문이나 잡지라도 아이들과 함께 읽는 것이 중요하다. 수업 상담을 하러 오는 부모들에게 이야기한다. "아이가 보는 곳에서 억지로라도 책 읽는 모습을 보여주라."고. "아이가 학교에 가 있는 동안에 읽었다고 말하지 말고 조금 과장되어 보일지라도 아이가 집에 있는 시간에 책을 읽으라."고. 아이들은 보이는 것에 더 빨리 반응하기 때문이다. 그러니까 우리 아이를 책 읽는 아이로 키우고 싶다면 부모가 먼저 책을 읽어야 한다. 그러면 아이는 부모의 모습을 보고 자연스럽게 책을 집어 들고 옆에 와 앉을 것이다. 아이와 함께 앉아서 책을 읽고 있는 모습이 얼마나 아름다울까.

얼마 전 'SBS 스페셜'에서 "초 연결 사회, 디지털 시대가 독서에 미치는 영향"이라는 주제로 방송을 했다. 현대인들은 디지털 기기에 익숙해지면서 사고 기능이 퇴화하고 난독증이 심각한데, 해결 방법이 바로 독서라는 내용이었다. 독서의 중요성은 아무리 강조해도 지나치지 않다. 그러나 강조만 해서는 안 된다. 직접 책을 읽어야 한다. 내가 먼저 책을 읽고 내 아이를 책 읽는 아이로 키우는 현명한 부모가 되자.

책을 읽고 아이들과 함께 토론하고 글 쓰는 수업을 하면서 20년 이상을 지냈다. 그동안 많은 책을 읽었고 많은 아이들을 만났다. 그 아이들 얼굴이 한 명씩 떠오른다. 누구나 자기가 좋아하는 일을 직업으로 갖고 살고 싶은 꿈을 꾸지만 현실은 그렇지 못하다. 그런데 나는 좋아하는 일을 직업으로 갖고 살고 있으니 행복하고 감사하다. 게다가 맑고 순수한 아이들과 함께 대부분의 시간을 보내고 있으니 이 또한 축복이라고 생각한다. 아이들과 함께하는 시간이 아니었다면 아마도 나는 '읽기만 하는 바보'로 살았을 것이다. 나를 지켜준 아이들에게 너무 고맙다.

책 읽지 않는 대한민국, 지하철에서 책을 펼치면 눈치를 봐야 하는 대한민국을 바꿀 수 있는 사람은 바로 지금 책을 읽고 있는 우리들, 특히 아이들이다. 세상이 아무리 변했어도 변하지 않는 진리가 있는데 '독서'도 그 진리 중 하나라고 믿는다. 이제 손에서 스마트 폰을 잠시 내려 놓고 책을 집어 들어야 할 때다.

글을 쓰고 책으로 내고 싶다는 소망을 마음속에만 담고 있었는데 이렇게 쓸 수 있게 되어서 너무 감사하다. 부족하고 부끄럽지만 이 글을 읽고 한 명이라도 꾸준히 책을 읽게 된다면 큰 보람이 될 것 같다.